正說
【圖文本】
乾隆
周遠廉◆著

目錄

引言

乾隆皇帝弘曆在中國是一個家喻戶曉充滿傳奇色彩的著名皇帝，民間廣泛流行著有關他的各種傳說。比如，乾隆並非雍正帝胤禛的親生兒子，而是浙江海寧陳閣老之男，其母亦非滿洲格格孝聖憲皇后鈕祜祿氏，而是民間一位低賤的漢女；香妃係新疆小和卓霍集占的王妃，戰敗被俘收入宮中；孝賢皇后富察氏因諫夫君不要尋花問柳，被乾隆推下河中淹死；乾隆與小姨妹私通，從而寵信其夫傅恆、其子福康安；以及其六下江南的風流韻事和奇談異聞，等等。

以往的一些學者對乾隆的評價也不高，認爲他是憑藉父、祖的基業來執政，本身沒有多少能耐，且貪圖享受，大興土木，巡遊四方，揮霍浪費，又寵信奸相和珅，致其亂政禍國，盛極而衰。

我認爲，傳說並非事實，某些學者對乾隆的論斷也有失公允，其實，乾隆還是一位很有作爲的君主。他在六十餘年的執政期間，勤理國政，五次普免天下錢糧，三次全免八省漕糧，廣蠲（免除）賦稅，累計蠲銀多達三億兩，相當於七年全國財政收入，是歷代王朝中蠲賦最多的皇帝。他大興河工，歲修經費多達三四百萬兩，在黃河、淮河的河工及江蘇、浙江的海塘，修建了多項工程，以減少洪災，保護百姓田園廬舍和人身安全。他整頓吏治，嚴懲貪官，懲辦了上百名三品以上的大員，皇親國戚也難逃法網。他勇於進取，改革舊制，進行了兩征準噶爾、統一回疆、兩征廓爾喀等十次大的戰爭，號稱「十全武功」，最後奠定了近代中國的版圖。他大修宮殿園林寺廟，建築了眾多精品，使北京的皇宮、頤和園、圓明園和承德的避暑山莊與外八廟成爲中國的瑰寶。他酷愛狩獵和出巡，六下江南，四謁盛京，西幸五臺山，東朝曲阜孔府，歲歲秋獮。他還喜歡吟詩撰文，揮毫潑墨，書畫兼優，有文三集、詩五集，是中國作品最多的詩人和題字遍海內的書法家，也是《四庫全書》的主持人，又是文字冤獄的製造者。對於這樣一位皇帝，有必要向讀者進行介紹，給予客觀的公正評述。

親生父母之謎

弘曆，生於康熙五十年，是當時雍親王胤禛的第四個兒子，雍正十三年九月，二十五歲時繼位登基爲君，嘉慶元年正月禪位於皇十五子顒琰，當太上皇帝，四年正月初三日病逝，享年八十九歲。

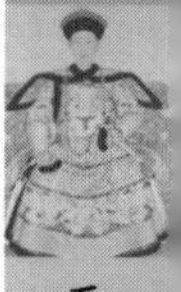

根據《清實錄》等官方書籍檔案的記載，乾隆皇帝弘曆的父親是雍正帝胤禛，母親是四品典儀凌柱之女鈕祜祿氏。但是，很早以來，尤其是清亡之後的一段時間，野史、文人評述和民間傳說，不少是說乾隆並非雍正帝妃的兒子，而是漢人漢女之子。最爲流行的一種傳說是說，弘曆是漢官陳閣老陳世倌的兒子。陳世倌是浙江海寧人，康熙年間入朝爲官，與雍親王家常有來往。有一年，雍親王的福晉和陳閣老的夫人在同一天生下了孩子，雍親王讓陳閣老家把夫人生的男孩抱進王府看看。陳家把男孩送去，當天王府把孩子送出來，陳閣老回到家中一看，自己原來的那個男孩已經變成了女孩，陳閣老知道事關身家性命，不敢聲張。那個抱入王府的男孩就是後來的乾隆皇帝弘曆。弘曆即位爲帝以後，知道了眞相，便六下江南，探望親生父母，並且六次南巡之時，有四次住在陳閣老家的安瀾園，以便和父母相聚。

雍和宮法輪殿

這個傳說雖然最爲流行，但是畢竟不是事實，至少有四個無法解答的疑問。

疑問之一，陳世倌曾不止一次地遭到乾隆帝譴責和處罰。陳世倌爲人廉儉純篤，每在皇帝面前談及民間水旱疾苦，必反覆陳述，甚至流淚泣訴，乾隆深受感動，說：「陳世倌又來爲百姓哭矣。」因而加以信任和提升。雍正五年陳世倌以督修水利工程遲誤被革職，在家閒居八九年，乾隆即位後委任其爲左副都御史，後歷任倉場侍郎、戶部左侍郎、左都御史、工部尚書，乾隆六年授文淵閣大學士，升遷不爲不快，但一旦有違上意，則予嚴懲。乾隆十三年十一月，雲南巡撫圖爾炳阿疏參趙州知州樊廣德虧空。按照定例，巡撫參劾屬員，應由總督審擬，而內閣卻錯誤地擬爲由巡撫審擬。乾隆發現其誤，即予痛斥，命將大學士陳世倌、史貽直交部嚴查議奏。部議應革職。乾隆降旨批示說：陳世倌自補授大學士以來，無參贊之能，多卑瑣之節，綸扉重地，實不稱職，著照部議革職。隨即他又就陳世倌的「卑瑣之節」加以具體化，下諭說：朕前謂陳世倌多卑瑣之節，並非泛論。例如，陳係浙江人，乃伊因與孔府有交往，便於山東兗州私置田產，「冀分其餘潤，此豈大臣所爲」？諭命山東巡撫，不准陳世倌居住兗州。按常理說，既爲人之子，豈能罵父親「多卑瑣之節」，而且具體引例爲證，還諭命革其官職不准住居兗州。自詡以孝治天下的乾隆帝，怎能如此斥責親生父親，還要罷其官職？

疑問之二，所謂乾隆南巡是爲了探望親生父母，四次皆住陳家，可是，陳世倌自十六年蒙恩復官以後，二十二年便以老病奏准解任養老，二十三年二月陛

《平安春信圖》此圖存在二說：一是畫面中為雍正、乾隆父子，二是反映乾隆皇帝不同時期的形象。

《崇慶皇太后七旬聖壽慶典圖》局部

辭，還未成行，於四月病故。而乾隆於十六年一下江南，二十二年再下江南，都沒有到海寧，第三次南巡起，到六下江南，才去到海寧，視察海塘工程，並住在陳世倌家的隅園，這時陳已故去。乾隆之住陳府，並將隅園賜名爲安瀾園，顯然是爲了修建海塘，防禦海潮侵襲。

疑問之三，雍親王如果要抱養別人之子爲己子，並且是抱養漢人之子，這嚴重違犯了滿漢不能過繼的法令，更是混淆天潢貴冑的大罪，一旦被爭奪皇位的政敵發現，雍親王便會削爵下獄，永世不能翻身。心思細密疑心特重的雍親王，他會行此冒天下大不韙之事嗎？

疑問之四，退一萬步說，雍親王即使膽比天大，敢於做出這等危險萬分的

雍正皇帝朝服像

事，可是，有這個必要嗎？除非他是斷子絕孫，並且不能生育，要不然，他絕對不會這樣行事的。可是，雍親王並非斷子絕孫之人，此時他才三十四歲，已有了三個王子，雖然其中兩個王子已早殤，但第三個王子弘時已經八歲，並且弘曆生下之日，還有一個已經懷孕六七個月的王妃，在這樣條件下，雍親王怎會抱養漢人之子爲自己的兒子呢？可見，弘曆是陳閣老之子的傳說，是無法成立的，不是事實。

另一種說法是，弘曆是雍親王胤禛的兒子，可是卻非鈕祜祿氏所生，弘曆的生母不是滿人，而是漢女。這種說法說，雍親王在熱河打獵時，射中一頭梅花鹿，雍親王喝了鹿血後欲火中燒，難以忍耐，附近又無王妃妾媵，就抓住山莊中的一個漢人女子上了床，後來這個漢女生下了弘曆。這個故事雖然生動，但一則這是野史所云，傳說所述，並且這些野史、傳說還是清亡以後形成出來的。既是時間很晚的野史、傳說，如果找不出早年的文獻碑刻檔案等等可靠的史料予以佐證，是不能當作事實來對待的，難以令人信服。再則，避暑山莊乃天子所居，規畫之密，守御之嚴，禁令之多，山莊之內及其周圍，豈容民女進入？更不可能讓民女在此長期居住，耕田過活，這個漢女從何而來？

乾隆皇帝的生母孝聖憲皇后

還有一些傳說，也與此類似，時間晚，破綻多，難以相信。

不過，有幾條史料，對於乾隆的生母鈕祜祿氏

的記述，不盡一致。《玉牒》載：

世宗憲皇帝（雍正帝）第四子高宗純皇帝（乾隆帝），於康熙五十年辛卯八月十三日，由孝聖憲皇后鈕祜祿氏，凌柱之女誕於雍和宮。

《雍正朝漢文諭旨彙編》載：

雍正元年二月十四日奉上諭：遵太后聖母諭旨：側福晉年氏封爲貴妃，側福晉李氏封爲齊妃，格格錢氏封爲熹妃，格格宋氏封爲裕嬪，格格耿氏封爲懋嬪。該部知道。

成書於乾隆六年的《清世宗實錄》卷四卻在熹妃的記述上有了差異。它寫道：

甲子（二月十四日），諭禮部：奉皇太后聖母懿旨：側妃年氏封爲貴妃，側妃李氏封爲齊妃，格格鈕祜祿氏封爲熹妃，格格宋氏封爲懋嬪，格格耿氏封爲裕嬪。

成書於乾隆十七年的《永憲錄》卷二，對熹妃的記述與《諭旨彙編》基本相

《慈寧燕喜圖》局部，乾隆舉杯慶壽

乾隆為孝聖太后打造的金髮塔

孝聖憲皇后的泰東陵

同，時間卻有差異。它寫道：

雍正元年十二月丁卯（二十二日），上御太和殿，遣使冊立中宮那拉氏爲皇后，詔告天下，恩赦有差。封年氏爲貴妃，李氏爲齊妃，錢氏爲熹妃，宋氏爲裕嬪，耿氏爲懋嬪。

爲什麼《漢文諭旨》把受封熹妃的人寫爲格格錢氏，而《清世宗實錄》卻寫爲格格鈕祜祿氏，《玉牒》也寫爲乾隆之母鈕祜祿氏？這個問題還有待於今後深入研究。

綜上所述，雖然一些野史、傳說與某些近人的評述，給乾隆帝弘曆找了另外的人當作他的生父生母，但都無確鑿可靠的史料爲證，難以令人信服。所以，我認爲還是《清實錄》等官方文書檔案的記載，是符合實際的，乾隆帝弘曆的親生父親是雍正帝胤禛，親生母親是四品典儀凌柱之女鈕祜祿氏。

聰睿英勇的小王子

談到弘曆，人們往往會說，他深受皇祖康熙帝玄燁和父王胤禛的寵愛，少年時候的日子，一定是高貴富豪，非常幸福。這種看法並不完全符合歷史實際，因爲，至少在八九歲以前，他的身分和地位，並不值得人們羨慕。

弘曆於康熙五十年（一七一一年）八月十三日來到人間的時候，處境並不好。他雖然是王爺之子，但在當時子以母貴的條件下，並沒有什麼優勢。論嫡庶，生母鈕祜祿氏是已經退休的四品典儀凌柱的女兒，十三歲嫁與雍親王胤禛，過了八年，生下弘曆，又過了十年，丈夫繼位爲君，整整十八年，一直是一個沒有封號的小妾——「格格」。按照規定，嫡庶之間，區別極大。親王的嫡福晉生的第一個兒子封「世子」，爲宗室封爵十四等中第二個等級，僅次於親王。嫡福晉生的其他兒子封鎮國公、輔國公。親王的側福晉生的兒子，封二等鎮國將軍。親王的「妾媵」生的兒子，封三等輔國將軍。鈕祜祿氏身爲小妾，其子弘曆按例只能封爲宗室封爵第八個大等級的輔國將軍，比親王的嫡子「世子」低了六個大等級。

郎世寧繪《弘曆採芝圖》

弘曆共有十弟兄，長大成人者只有三哥弘時、五弟弘晝、六弟弘瞻和他自己。這四弟兄中，三哥弘時的母親是雍親王側福晉李氏，六弟弘瞻的母親是貴人劉氏，生母的身分地位都比弘曆的母親高。五弟弘晝的母親耿氏雖然也是「格格」，也是小妾，但甚受胤禛寵幸。如果單就生母身分來講，弘曆在雍王府中的地位是難以顯赫的。

再就與弘曆同輩的上百位皇孫來比較，不少皇孫的父親是親王、郡王、貝勒、貝子，母親是嫡福晉，而且誠親王允祉之子弘晟、恆親王允祺之子弘昇皆已封爲「世子」，他們的身分遠比弘曆高貴。在這樣不利的形勢之下，弘曆能有遠大前途嗎？難，太難。

然而，令人驚訝的是，奇蹟出現了，這位普普通通的小王子弘曆，竟然憑藉自己的天資才幹和努力，脫穎而出，大顯光華，超越百位皇孫，博得皇祖讚賞和喜愛，也得到父王的特殊寵愛。

康熙皇帝老年像

弘曆六歲就學，受書於謹厚剛正樸誠的庶吉士福敏，據說能過目成誦，十分用功，課業進展迅速。康熙六十一年春，父王帶他拜見皇祖父玄燁於圓明園，玄燁看到這個不到十一歲的孫子聰睿俊秀，十分喜愛，諭命養於宮中，讓皇后的妹妹貴妃佟佳氏及和妃瓜爾佳氏精心撫育。如此優遇，超過了其他皇孫。

這位年近古稀的祖父，曾經親自給小孫子講課，並以《愛蓮說》相試，弘曆毫不驚慌，「誦解融徹」，祖父非常高興，誇獎備至。爲了讓這個可愛的龍孫得到更好的全面培養，玄燁讓弘曆向其十六叔莊親王允祿學火器，向二十一叔允禧學騎射。弘曆勤學苦練，技藝日增，深通家傳妙法，不管是在圓明園練射，還是在南苑行圍，他經常能屢發屢中，這個垂髫的小孩如此英武，觀者莫不稱讚。

這一年的夏天，弘曆由父母帶領，隨爺爺前往承德避暑山莊，在爺爺賜與居住的「萬壑松風」中讀書。萬壑松風建築精巧，據岡臨湖，類似江南園林。有一天，弘曆看見御舟停泊於晴碧亭，聽到祖父叫他，立即迅速跑去，直趨岩壁而下。康熙帝怕孫子摔跤，叫他不要快跑，以免蹉跌，其愛護之情確非尋常。又有一次，康熙帝來到獅子嶺之北的獅子園（這是賜給雍親王的園子）用膳，嫡福晉烏喇那拉氏率鈕祜祿氏向皇上問安拜覲。康熙帝善於識人，看見鈕祜祿氏後，非常高興，笑容滿面，連聲稱讚她是「有福之人」。康熙帝前往木蘭打獵，弘曆跟隨，進入永安莽喀圍場後，康熙帝命侍衛用槍打中一頭馬熊，馬熊倒在地上；康熙帝又命弘曆去射，欲圖讓這個寶貝孫子得到初次打圍就獵獲大熊的美名和吉兆，有意對他特別培養，不料差點出了大禍。弘曆剛剛踩著馬鐙

圓明園「鏤月開雲」，這是弘曆與祖父康熙皇帝初次見面處。

弘曆射熊圖

騎在馬上，這頭似乎死了的大馬熊突然立起，像是要撲咬來人的樣子，眾人大驚。面對馬熊拼死反撲極易傷人的危險，年方十一歲的少年王子弘曆毫不驚慌，既勇敢，又機警，將韁繩一帶，控轡自若，指揮馬左右奔馳，避開馬熊，康熙皇帝趕緊發槍，將熊射死。回到帳中休息時，玄燁對和妃瓜爾佳氏說：這個孫子命很「貴重，福將過予」，如果他到了熊的面前時熊才立起，後果不堪設想。一位久御朝政威震四海的英明天子，對這樣一個聰明英勇的小小孫子如此特殊培養和寵愛，必然會在政界產生巨大影響，文武百官一定會理解到這些行爲的深刻含意，也就是說，它在康熙帝擇立嗣君的問題上將起到不可低估的作用。禮親王昭爲此專門在其《嘯亭雜錄》中寫了《聖祖識純皇》，評論說：「由是（聖祖）益加寵愛，而燕翼之貽謀因此而定也。」

皇祖如此垂青，父王胤禛自然要更加寵愛，弘曆在雍親王府中的地位從而遠遠高於他的其他弟兄。胤禛即位後，於雍正元年（一七二三年）八月在乾清宮西暖閣召見總理事務王大臣和滿漢大臣，諭告說：已經將預嗣君之名書寫於密封的錦匣內，放置在乾清宮正中的正大光明匾額的後面，日後需要時即從這裏取下來宣讀。這個預定的嗣君，既不是生母貴爲側福晉比鈕祜祿氏地位高的李氏之子三阿哥弘時，也不是貴人劉氏之子六阿哥弘瞻，而是妾媵身分的「格格」鈕祜祿氏之子十二歲的四阿哥弘曆。

弘曆在熱河避暑山莊的居所「萬壑松風」

這一年的冬天，康熙帝去世一周年時，十三歲的皇子弘曆被父皇派往景陵代祭。雍正十一年，弘曆被皇父封爲寶親王，命其年年代祀北郊，並了解用兵準噶爾的軍機要務。十三年春貴州苗疆騷動，雍正帝委任弘曆、果親王允禮等人爲辦理苗疆事務王大臣，直接處理涉及改土歸流是否堅持實行的重要國務。

弘曆沒有辜負皇父的培養、期望和重託。早在雍正三年，他才十五歲時，便就原

弘曆的騎射師傅、貝勒允禧《訓經圖》

撫遠大將軍、一等公年羹堯的治罪及抄家問題，力排眾議，「密奏無殺（年）羹堯及抄家諸事」。這可是有著很大風險的。這幾年，雍正帝連興大獄，殘酷打擊政敵和權勢太大的勳貴，重懲貪官，將他們削爵革職抄家流放處死，搞得政界相當動盪，尤其是對年羹堯的治罪，更是過於嚴苛和不公。年羹堯是幫助雍正奪得帝位的大功臣，又在防禦準噶爾入侵和平定青海羅卜藏丹津親王叛亂時立下卓越功勳，是一位善於征戰的大帥，可是，由於其手握重兵，權勢赫赫，功高震主，又對皇上不夠恭順，雍正帝不放心，便羅織其大罪九十二條，要將年處死。文武大臣都知道皇上的意圖，都害怕這位心狠手辣的萬歲，不敢觸怒龍顏，惹禍上身，因而沒有一個大臣為年求情和申辯，「舉朝無一人言及者」。正是在這樣危險萬分的關頭，年方十五歲的弘曆不顧個人安危，不怕失去皇父恩寵，不怕影響將來的嗣位，挺身而出，直言利弊，奏請皇父免年之死，革除苛刻抄家弊政，實爲難能可貴。雍正帝雖然沒有赦免年羹堯，仍然將其革職抄家，勒令自盡，但也沒有責備弘曆，反而對他十分欣賞，後來還下諭講述此事，稱讚他「仁賢」。

由於貴州苗疆部分土司反對改土歸流，起兵反抗，侵佔州縣，燒殺擄掠，漢人紛紛逃離家園，官兵連戰連敗，苗疆大亂，雍正帝動搖了，認爲不該在貴州實行改土歸流，於雍正十三年七月、八月兩次下諭，承認經理苗疆是失誤，是「輕率誤信」大學士、雲貴廣西三省總督鄂爾泰的奏請，是「害民之舉」，欲圖停止對苗疆的用兵，取消在貴州的改土歸流。身爲寶親王和辦理苗疆事務王大臣的弘曆，經過三個多月的工作，對苗情、軍機、政界議論和父皇的意圖都很了解，深知此事關係重大，不贊同父皇的決定。因爲如果停止征討，放棄苗疆改流，則貴州省將減少一半的轄地（約八萬多平方公里），並且很可能產生連鎖反應，影響四川、雲南、湖南、廣西等省已經改土歸流成

乾隆《御制重華宮記》玉冊

「寶親王寶」組璽

功的州縣發生變亂，局面更不好收拾。弘曆爲了江山社稷，冒著被嚴厲父皇斥責懲治的危險，在六月份父皇向辦理苗疆事務王大臣談到欲棄苗疆時，立即諫阻，力言不能停止征討，現在不能放棄苗疆。雍正帝當時採納了王大臣的意見。

新君新政

雍正十三年（一七三五年）八月二十三日清世宗胤禛去世，皇四子寶親王弘曆繼位。這位生母身分低微全憑自己本事博得皇祖、皇父歡心脫穎而出的英俊君主，執掌大權後，當然要繼承先祖勇於進取的優良傳統，做出一番轟轟烈烈的事業。第一步就是要實行新政，革除弊端，穩定政局，解決苗疆變亂及與準噶爾議和問題，以便打下一個堅實的基礎，爲下階段大踏步前進準備好條件。

乾隆帝弘曆對先帝胤禛的嚴酷手段和政令的繁苛頗爲反感，對由此引起潛在的政局動盪比較擔心，因此即位初期便堅決地確立了「政尚寬大」的方針，戒繁苛，主寬容，寬猛相濟，糾錯補偏，革除弊政。

清朝諸帝一致強調「敬天法祖」，都以盡孝爲律己治國的首務，均讚頌先帝神縱英武，標榜自己是循皇考之舊制，揚先祖之業績。在這樣形勢下，要革除前君的弊政，是要冒很大風險的，有可能被扣上忤逆不孝擅改祖制的罪名。特別是目前在任的大學士、軍機大臣、尚書、總督、將軍、巡撫，不少是先皇倚任的重臣，那些弊政多係他們

大典時使用的金編鐘

經辦，從中獲取了巨大的政治經濟利益，有些人還是靠搞弊政憑苛刻而由末弁微員青雲直上榮任大臣的，他們能緊跟皇上革弊興利嗎？難，很難。

儘管面臨層層障礙和不小的阻力，弘曆毫不動搖，堅決推行以寬大代嚴苛的方針。他想出了一條妙計，既可改變皇父嚴酷之弊，又不授人以冒犯先帝的把柄，即大講皇祖以寬治國，使得國泰民安；皇父針對康熙末年臣工懈怠惡習，「振飭朝綱，澄清吏治」，以惠愛赤子，而部分官員卻錯誤地揣摩先帝「心在於嚴厲」，爲了討其歡心，做事便十分苛刻，擾累了百姓；自己現在要剛柔相濟，以寬爲主，革除煩苛，與皇父的治國並不衝突。

乾隆的以寬治國，遭到被言官劾爲「奸頑刻薄」、「苦累小民」，由河東總督降爲署四川巡撫的

明黃緞繡金龍朝袍

王士俊的瘋狂反對，他竟上奏，否定新政，影射乾隆是專翻先帝之政及其所定之案的不肖子。乾隆大怒，下諭痛斥王士俊是奸邪小人，將其革職下獄斬監候。

煞住了反對新政的歪風後，乾隆採取了一系列寬待欽犯清除積弊的措施。先前，雍正帝將皇八弟廉親王允禩、皇九弟貝子允禟削爵幽死，貝勒延信、蘇努削爵拘禁，四人的子孫俱削除宗籍，皇十弟敦郡王允䄉、皇十四弟撫遠大將軍王允禵俱削爵拘禁，現在乾隆諭命釋放允䄉、允禵；封允禵爲恂郡王，允䄉爲輔國公，恢復允禩、允禟、延信、蘇努四人的子孫宗籍，收入《玉牒》，賞給紅帶子。過去一批立功於西藏、青海的文臣武將因受年羹堯案牽連而被雍正革職，現在進行複查，其中「才具可用」之人，予以酌量錄用。

乾隆又接連下諭，將利用先帝寵用橫行地方招搖生事的道士張太虛等逐回原籍，嚴加看管，禁止各省督撫提鎮奏報慶雲、嘉穀等祥瑞之事，廢除苦害百姓的「老農」、「錢糧總吏」、「提牢典吏」。

與此同時，乾隆把「苗疆用兵」，作為「目前第一緊急之事」，積極處理貴州苗疆問題。雍正帝雖然曾經在雍正十三年六月採納了弘曆等辦理苗疆事務王大臣的意見，暫時不宣布棄置苗疆，但並沒有徹底打消放棄苗疆停止改土歸流的想法，故

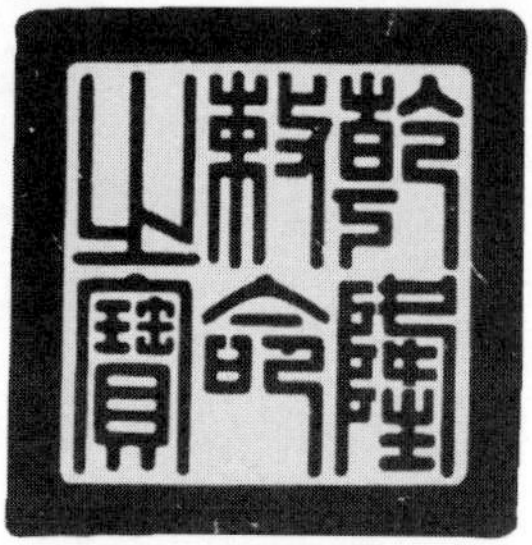

壽山石「乾隆敕命之寶」

派刑部尚書張照為「撫定苗疆」欽差大臣，前往貴州，察其利害。

貴州苗變發生於雍正十三年二月的古州，開始時，起事苗人並不太多，地區也不大，只要措施得當，是可以迅速平定的。可是，由於雍正帝任人不當，指揮失誤，省府州縣文武官員庸碌無能，官兵殺良冒功，燒殺擄掠，激起苗人極大憤怒，拼死反抗，人數越來越多，事態迅速擴大，苗兵相繼打下黃平、餘慶等州縣。儘管雍正帝從兩廣、湖廣、川、滇六省調兵三萬餘名，加上貴州本省兵三萬多，任命貴州提督哈元生為揚威將軍，但大軍征剿並未生效。欽差大臣張照知道帝欲停兵，公然奏請棄絕苗疆，動搖了軍心，苗變更加擴大，以致黔省大震，西南不寧，形成了「前功幾盡失，全局幾大變」的嚴重局面，貴州的改土歸流眼看就要完全失敗了。

就在這樣危急時候，弘曆繼位為君了。他當機立斷，迅速採取了四大措施。一是連下上諭，力

輔助乾隆初政的果親王允禮像

主用兵，強調征撫，堅持將苗疆改土歸流進行到底。二是嚴厲斥責欽差大臣張照假傳先帝聖旨，宣揚丟棄苗疆，「擾亂軍務，罪過多端」，將其革職下獄，在政治上統一了朝廷堅持對苗變用兵的思想。三是更換統帥，懲辦失職文官武將。他委任湖廣總督張廣泗爲經略，將玩忽公事，輕視民命，稽遲軍務的貴州巡撫元展成、揚威將軍哈元生、副將軍董芳等大員革職解京嚴審定罪。四是嚴明軍紀，禁止濫殺，招撫歸順苗人。經過一年的征撫，終於平定了苗疆。

乾隆帝爲了根除苗變的發生，果斷地在苗疆實行了與其他地區不同的新政策，即免除苗賦。他特別頒發了《永除新疆苗賦》的聖旨說，「將古州等處新設錢糧盡行豁免，永不徵收」，這樣，苗民「既無官府需索之擾，又無輸糧納稅之煩」，各自耕田鑿井，「樂其妻孥，長其子孫」，便不會捨棄安居樂業

乾隆大閱圖

元旦開筆使用的金甌永固杯

而生變亂了。

另一重要措施是尊重苗民風俗。他宣布，苗民風俗與內地百姓大不相同，今後生苗中「一切自相爭訟之事，俱照苗例完結，不必繩以官法」。生苗與漢人及熟苗爭執的案件，有關官員必須秉公審理，不許生事擾累苗民。

乾隆帝還在苗疆大興屯田，設立屯軍，開墾荒地，又諭命謹愼選任苗疆官員，安撫苗民。這一切，對苗疆產生了積極促進的影響，貴州苗疆基本上安定下來了，生產也有了發展。乾隆四年古州鎮總兵韓勳奏稱，過去苗疆不產小麥、高粱、小米、黃豆、芝麻，「今歲俱有收穫」，屯軍和苗民的田地，早稻晚稻都獲豐收，屯軍苗民俱安居樂業了。

乾隆又抓緊辦理與準噶爾部議和之事，這是雍正帝給新君留下來的難題。雍正帝曾經好大喜功，派遣大軍進攻漠西厄魯特蒙古準噶爾部，可是由於形勢判斷錯誤，既不知己，也不知彼，又委用庸將傅爾丹爲大帥，調度無方，於雍正九年六月慘敗於和通泊，兩位副將軍和幾位參贊大臣陣亡、自殺，一萬大軍只剩下兩千人。準噶爾軍乘勝進擊，清軍抵擋不住，幸虧喀爾喀蒙古郡王、額駙策凌率領本部蒙古健兒奮勇迎戰，兩次大敗準噶爾軍，才挽轉危局，把敵軍擋在境外，保住了清朝北方和西北地方。

慘敗之後，雍正帝清醒了，知道準部強大，不能進攻，而爲了防禦敵軍入侵，十萬清軍及十餘萬役夫長期屯駐邊境，年需軍費上千萬兩，幾年之內用銀多達五六千萬兩，國庫「動支大半」，實在承擔不起，因此雍正帝決定停止用兵，與準部議和。準噶爾汗噶爾丹策零也因兩次大敗於喀爾喀策凌額駙手下，元氣大傷，願意休戰，故從雍正十二年八月起，雙方開始談判，幾經商討，雍正帝基本上同意了準汗的要求，僅作了一小部分的修改，遣使告訴準噶爾汗。準部尚未回答，雍正帝即已去世。

乾隆帝繼位後，確定了對待準噶爾部的基本方針，即「息兵」、「守邊」、「議和」。他認爲，從「眷愛生靈」使兵民不致於勞累傷亡和保證國家錢糧兩方面考慮，必須「息兵」，不能興兵。對付準部的最好辦法，是固守邊疆，敵兵到來則全力痛殲。邊疆既固，準軍不能入侵，必會求和。這個方針是正確的，對促進西北息兵講和，起了重大作用。

準噶爾汗噶爾丹策零本來已經決定與清朝劃界議和了，這時突然傳來雍正去世的消息，便想乘機施加壓力，要求領轄更多的地區。他推翻自己過去的劃界提議，要喀爾喀內徙，要

乾隆大閱鎧甲

乾隆《是一是二圖》

得到整個阿爾泰地區。

乾隆帝堅決拒絕了準噶爾汗的無理要求。在曉諭準噶爾汗及其使者敕諭中，他明確宣布，必須按照清朝的方案來劃定雙方的界地，不劃定界，就不能「通市」。清軍牢守內地邊疆，不會出兵遠征，準軍如果冒險入侵，必然失敗。

乾隆帝又繼承了皇父優待喀爾喀策凌額駙的遺規，厚加賞賜，並親寫手敕，告訴額駙說：「所有軍務，惟爾是賴。」策凌更加感謝皇恩，堅決效忠。

準噶爾汗既不能嚇住清帝，又不能誘使清軍遠征而設伏圍殲，額駙策凌又忠於清帝，無法長期僵持，只好放棄吞併阿爾泰山以南地區的要求。於是，以阿爾泰山爲界，雙方劃界議和了。這對雙方都有好處。

以上政尚寬大，革除弊政，用兵苗疆，議和準部，使政局較前平穩，人心更加安定，軍費大量減少，爲乾隆帝進一步發展經濟，整頓吏治，促成「大清全盛之世」，提供了十分重要的條件。

免賦最多的天子

要想知道一位皇帝是好是壞，還是庸碌之輩，比較簡單的檢驗方法就是看其對賦稅的態度，是加賦，還是減賦免賦。歷史上被人們公認的英君明主，沒有一個是橫徵暴斂之君，他們最基本的一條德政就是減賦蠲稅，輕徭薄賦。

在這個至關重大的問題上，乾隆是很有作爲的。他認爲「民爲邦本」，本固才能邦寧。治國之道，「莫先於愛民」；而愛民之道，「以減賦蠲租爲首務」。因此，他多次地、大規模地減免國賦。他在即位之初大赦天下的恩詔中，就宣布免除雍正十二年以前的欠賦，僅江蘇、安徽就免了賦銀一千零十萬餘萬兩。此後的六十三年裏，他以「災蠲」、「恩蠲」、「事蠲」、「逋蠲」等名義免除的賦銀超過一億兩以上。

白玉「德日新」璽

更爲難得的是，他還於乾隆十年、三十五年、四十三年、五十五年、六十年五次下諭全免天下一年國賦。他於乾隆十年正月初六日下達的第一道上諭中講道：要想海宇乂安，民氣和樂，持盈保泰，「莫先於安民」。「況天下之財，止有此數，不聚於上，即散於下」。皇祖屢蠲租賦，又特頒恩旨，「將天下錢糧普免一次」。朕欲使黎民均沾恩澤，特將丙寅年（乾隆十一年）錢糧，通行蠲免。

從這道上諭，結合五次普免全國錢糧的具體情形，可以歸納出五免天下錢糧的四個問題。

其一，效法皇祖。乾隆對皇祖玄燁十分崇拜，常講「以皇祖之心爲心」，「法皇祖之事爲事」，以皇祖爲楷模，效其所行，法其所事，達到皇祖所取得的偉大成就，並在此基礎上有所作爲，功勳更著，是他畢生追求的一個重要目標。皇祖曾經普免天下錢糧一年，他也要這樣做，而且具體實施辦法也仿其例。當年因爲一年之內全免各省錢糧，對國家財政影響太大，承擔不起，遂改爲三年輪蠲，第一年免若干省，第二年再免若干省，第三年免前兩年未免之省。這次乾隆也是這樣做的，將各省分作三批，乾隆十一年全國應徵田賦丁稅銀二千八百二十四萬餘兩，十一年免江蘇等十一省賦銀一千零四十二萬餘兩，十二年免廣東等省賦銀八百六十二萬餘兩，第三年免剩餘的山東等省賦銀九百一十九萬餘兩。

《太平歡樂圖》冊之「織布圖」

其二，知難而進。普免全國一年錢糧，並非輕而易舉，沒有很大的勇氣，是不能行此特恩的。雖然經過十年的苦心經營，國庫存銀有所增加，乾隆十年庫銀有三千三百一十七萬餘兩，但全國田賦、丁銀、鹽課、關稅，一年只有四千餘萬兩，其中田賦丁稅佔了將近四分之三，而每年官俸、兵餉、河工等項額定支出多達三千餘萬兩，萬一遇到大災或大的用兵，動輒需銀幾千萬兩，便會入不敷出。因此，御史赫壽上疏諫阻，力言「不應蠲免一年錢糧」。乾隆覽疏大怒，下諭痛斥赫壽「悖謬已極」，重申本固邦寧，「朕以愛養百姓爲心」，故要普免天下錢糧。這樣一來，制止了反對普免的浮議。

其三，青勝於藍。乾隆不只簡單地重複皇祖做過之事，而且是有所創新，有所發展。一是皇祖是在即位五十年並且國庫充盈，存銀多達五千餘萬兩之時，才下諭普免

《京畿水利圖》局部

全國一年錢糧的。而乾隆帝卻是在登基之後僅僅十年，便下諭全免一年田賦丁稅，此時國庫存銀才三千三百一十七萬餘兩，不如皇祖時富裕。二是皇祖只免正額賦稅，而乾隆還免除了歷來不在蠲免範圍內的甘肅「番糧草束」，福建臺灣的「夷米」，陝西、西寧的「馬貢」等十多種名目的徵派。三是康熙帝只下了一次普免特旨，乾隆卻連免五次，普免次數之多，不僅在清朝是絕無僅有的，而且在整個封建社會的歷代王朝中，也是空前絕後的。

其四，理財方針好。乾隆在第一次普免諭中說道：「天下之財，止有此數，不聚於上，即散於下。」過了二十五年，他又在乾隆三十五年第二次普免錢糧諭中更明確地指出：「天地只此生財之數，不在上，即在下，與其多聚左藏，無寧使茅簷蔀屋自爲流通。」這實際上是說要藏富於民，民富才能國強。這才是最好的理財之道。歷代幾百位君主中，能有這樣想法的皇帝太少了，將它落實於行動，多次全免錢糧的天子，更是少而又少，也可能就是乾隆這一位了。

乾隆帝還三次下諭，全免八省漕糧。「漕糧」是江蘇、安徽、浙江、江西、湖北、湖南、山東、河南八省正額田賦中運往北京「京倉」和通州「通倉」的那部分糧食，供京師帝王官將兵民食用，每年定額四百萬石，另外，江蘇、浙江兩省還要運送白糧九萬九千石。

每年額定漕糧四百萬石和白糧九萬九千石，本身就是十分龐大的數目，百姓的負擔本來就很重了，可是，更加苦累黎民的是，漕糧的實際費用遠遠超過非漕糧的四百萬石正額田賦。因爲，一般的正額田賦是收銀子，百姓到州縣交納錢糧時，不包括官吏的額外苛索，大致是一兩正賦銀要交銀子一兩一錢至一兩二錢（那多交的一錢二錢是正賦銀的火耗），就算交清了。但是，漕糧就不同了。這四百多萬石

清人《清明上河圖．水運商貿》

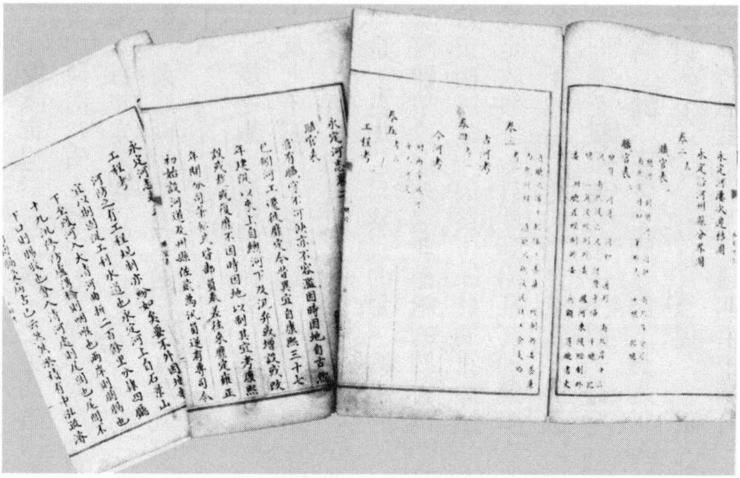

乾隆刻本《永定河志》

「漕糧」是糧食，是要運到京師的，這上千里到幾千里的路程，需花多少運費？需交多少打點費？這筆開支非常大。

姑且不說貪官污吏的額外盤剝，就是按照官府的法例規定，每石漕糧就要另外徵收多項銀米。一是「隨漕正耗」，每石加徵耗糧三至四斗。二是「隨漕輕齎，易米折銀」，每石徵米二至三斗。三是「隨漕席木板片」，每年徵收十至二十萬兩銀。四是「贈貼銀米」，每石漕糧大約徵銀四至六錢。五是「白糧耗米」，每石加耗三四斗。此外，還有「行月」、「羨銀」、「廳倉茶果銀」等等名目。大體上，這些「耗米」、加派，每年多達七八百萬石，兩倍於正額漕糧。

由於「漕糧」是供京師帝王官兵食用的，因此一般是不能蠲免的。康熙帝這位以「蠲租爲第一仁政」的天子，鼓足勇氣，才於康熙三十年特下上諭，蠲免一年漕糧。「以皇祖之心爲心」的乾隆帝，效法皇祖的愛民之心，分別於乾隆三十一年、四十三年、五十九年三次頒發了全免八省漕糧的上諭。蠲免八省漕糧的次數之多，在歷代皇帝中，也是絕無僅有的。

乾隆帝的五免全國錢糧三免八省漕糧，對國計民生產生了重大的積極的影響。五免錢糧三免漕糧，估計蠲免了正額賦銀二億兩，加上歷年「災蠲」等的一億多兩，共計三億兩以上。以當時米一石（四百斤）折銀一兩計算，三億石米爲一千二百億斤，按一人每日食米一斤，一年爲三百六十斤推算，一千二百億斤米可供一億人吃四年，或一千萬人吃四十年。如以一畝田價銀十兩計算，三億兩銀可買田三千萬畝。一戶五人，有田地十畝，便可養活全家，照此推算，三千萬畝田地能長期養活一千五百萬人。可見其效果之巨大。

另一方面，朝廷糧賦，歲歲交納，違令抗糧，嚴懲不貸。有清一代，年年都有幾十萬幾百萬貧苦農民和中小地主因欠交國賦而慘遭貪官污吏豪橫差役的殘酷鞭撻和百般勒索。除了額定正賦正耗，還有各種額外苛派和「耗外之耗」，常常數倍於正額，一旦明諭蠲免正賦，那麼因徵正賦

乾隆刻本《農書・圃田》

《姑蘇繁華圖·農家小景》

而帶來的苛派，也就無從談起。正如乾隆帝宣布在苗疆永免苗賦的上諭中講道，正賦徵之於官，收之於吏，繁苛之費，轉多於正額，只有將正賦悉行豁除，使苗民不與官吏有交涉之事，則差役就無法擾累苛索苗民了。因此，普免天下錢糧，對有土地的業主，特別是佔有少量土地的自耕農和中小地主，的確是一大福音，從而受到人們的普遍讚頌。江蘇昆山的巢林散人龔煒，出身書香門第，父親進士，岳父家乃婁東望族，本人喜經史，工詩文，善絲竹，然屢試不第，著書自娛。這樣一位懷才不遇頗有牢騷的雅士，對乾隆帝普蠲天下錢糧極力稱讚，在其《巢林筆談》中，專門寫了《乾隆十年全蠲丁糧》說：「乾隆十年上諭：本年各省地丁錢糧按次全蠲，與民休息。詔下之日，萬方怡舞。」皇恩至大，我儕小人，唯有祝豐年，「急公稅」，請香一炷，禱祝上蒼，祝願皇子皇孫永保黎民。

普蠲天下錢糧的恩詔下達之時，「萬方怡舞」，這是對乾隆帝大蠲租賦的最好讚揚，可見此舉之深得人心，對促進農業生產，繁榮社會經濟，改善小自耕農、中小地主的處境，均起了不可忽視的積極作用。

國庫存銀最多的皇帝

國庫存銀的多少，是反映國力強弱的一個重要標誌。乾隆帝於乾隆四十六年八月和九月下的兩道上諭，講述了國庫的情形。其中說道：「今戶部帑項充盈，各省藩庫積存充裕。」

乾隆騎馬像

乾隆即位初年，戶部庫銀不過三千萬兩，四十餘年來，三免天下錢糧，兩免八省漕糧，以及賑災，用銀「總計何啻萬萬」，用兵新疆、金川，又用了大量軍費，但「賦稅並未加增」，庫銀卻已增至七千萬餘兩。並且庫銀之增加，又「非如漢武帝之用桑弘羊，唐德宗之用裴延齡」，「以掊克為事，而致府藏充盈也」。

乾隆四十年正月二十九日，軍機大臣奏報了康雍乾年間戶部銀庫存銀數目，其中乾隆元年至三十九年的存貯數目是：

元年，實在銀三千三百九十五萬餘兩；二年，三千四百三十八萬餘兩；三年，三千四百八十五萬餘兩；四年，三千二百五十八萬餘兩；

五年，三千零四十八萬餘兩；六年，三千一百四十六萬餘兩；
七年，三千二百七十四萬餘兩；八年，二千九百一十二萬餘兩；
九年，三千一百九十萬餘兩；十年，三千三百一十七萬餘兩；
十一年，三千四百六十三萬餘兩；十二年，三千二百三十六萬餘兩；
十三年，二千七百四十六萬餘兩；十四年，二千八百零七萬餘兩；
十五年，三千零七十九萬餘兩；十六年，三千二百四十九萬餘兩；
十七年，三千八百六十三萬餘兩；
十八年，三千九百八十七萬餘兩；
十九年，三千七百六十萬餘兩；
二十年，四千二百九十九萬餘兩；
二十一年，四千三百二十二萬餘兩；
二十二年，四千零一十五萬餘兩；
二十三年，三千六百三十八萬餘兩；
二十四年，三千六百七十三萬餘兩；
二十五年，三千五百四十九萬餘兩；
二十六年，三千六百六十三萬餘兩；
二十七年，四千一百九十二萬餘兩；

金嵌珠天球儀

二十八年，四千七百零六萬餘兩；二十九年，五千四百二十七萬餘兩；三十年，六千零三十三萬餘兩；三十一年，六千六百六十一萬餘兩；三十二年，六千六百五十萬餘兩；三十三年，七千一百八十二萬餘兩；三十四年，七千六百二十二萬餘兩；三十五年，七千七百二十九萬餘兩；三十六年，七千八百九十四萬餘兩；三十七年，七千八百七十四萬餘兩；三十八年，六千九百六十七萬餘兩；三十九年，七千三百九十萬餘兩。

另外，《清高宗實錄》等書載稱：

> 乾隆三十七年正月，庫銀有八千餘萬兩；四十一年十月，部庫存銀六千餘萬兩；四十二年正月，庫銀還有七千餘萬兩；四十六年八月，庫銀有七千餘萬兩；四十九年八月，庫銀七千餘萬兩；五十一年閏七月，七千餘萬兩；六十年，七千餘萬兩。

根據上諭，結合戶部庫銀情形，可以表明當時財政的五個特點：

其一，國庫存銀之多，空前絕後。康熙中年，國庫存銀已經很多，四十五年、四十八年有銀五千餘萬兩，超過前代。雍正七年八年，庫銀有六千餘萬兩。而乾隆三十七年，戶部銀庫存銀「多至八千餘萬」，超過了雍正朝，前代各君更加無法與之比

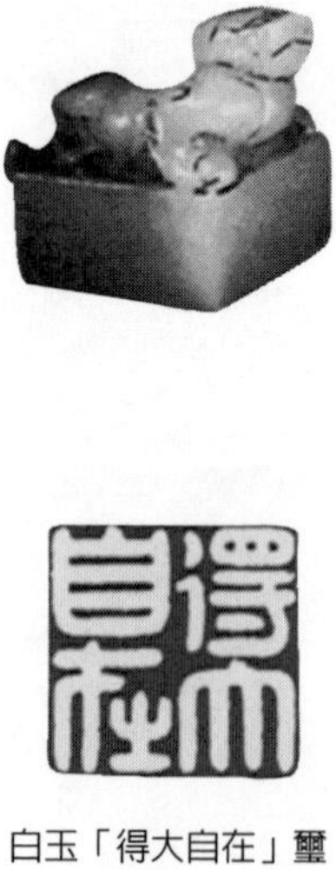

白玉「得大自在」璽

較。並且，康雍乾三朝不是只有某一年的庫銀多，其他年份卻劇烈下降，而是國庫充盈的時間很長，這在乾隆朝更爲突出。從乾隆元年到三十九年，只有三年存銀在三千萬兩以下（八年二千九百一十二萬餘兩，十三年二千七百四十六萬餘兩，十四年二千八百零七萬餘兩），其餘三十六年都在三千萬兩以上。三十年庫銀都在六千萬兩以上。這樣長時間的巨量存銀，也是前所未有的。

其二，「各省藩庫，積存充裕」。各省布政使司的藩庫存銀，也非常多。乾隆二十八年，廣東藩庫的「田房稅契銀兩」積至一百二十餘萬兩之多。三十六年，陝西藩庫貯存之銀「現有四百三十三萬三千餘兩」。四十七年，浙江藩庫存銀一百零一萬餘兩。四十九年，河南藩庫存銀二百五十餘萬兩，甘肅有四百七十餘萬兩。五十年，山東藩庫有銀三百九十六萬餘兩。

其三，開支巨大，存銀不減。庫銀之多，並非削減必要的開支而存起的。乾隆年間每年固定的正額開支，如兵餉、官俸、驛站、漕船、河工等等，都比康雍年間有所增加，像河工歲用銀兩多達四百萬兩，比過去增加了很多。還有，軍費開支也很大，兩征金川用銀八千餘萬兩，征準平回用銀三千餘萬兩，加上征緬

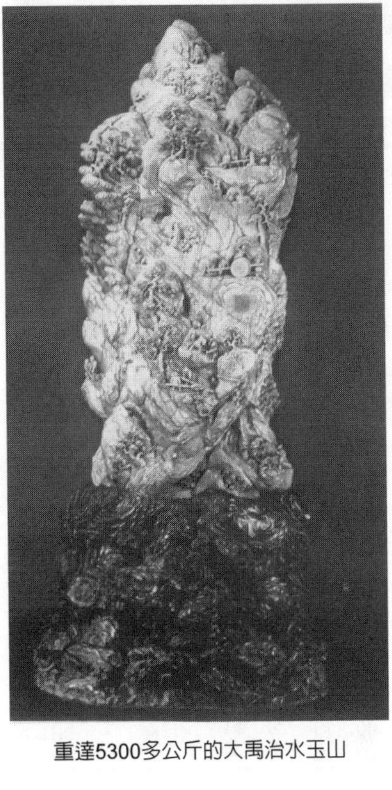

重達5300多公斤的大禹治水玉山

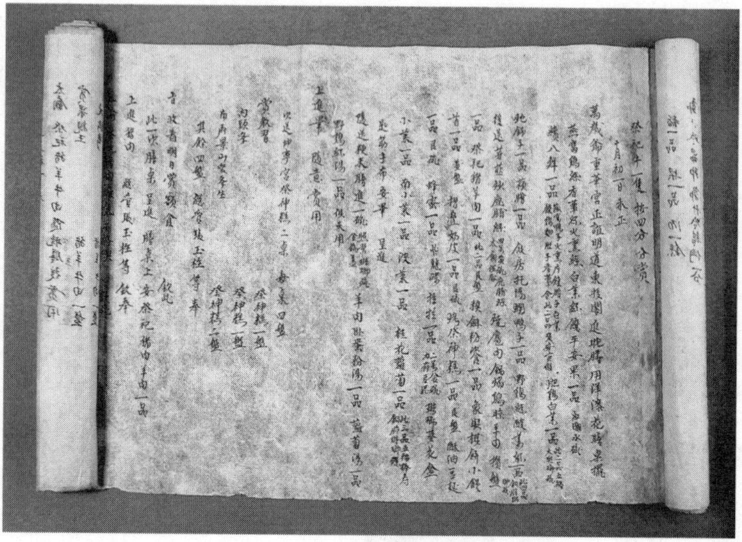

乾隆皇帝的膳單（乾隆十二年十月初一日）

攻廓爾喀，共計用銀一億五千萬餘兩。至於蠲賦賑災，一般是每年需支出幾百萬兩。各類開支，雖然很大，但庫銀並未受到很大影響，除個別年份有所減少外，總的來說，庫銀仍在不斷增加，數量仍然巨大。

其四，庫銀雖增，賦稅未加。國庫存銀的增加，並非加賦而來，不像乾隆所說漢武帝之用桑弘羊，唐德宗之用裴延齡，「以掊克爲事，而致府藏充盈也」。乾隆不僅沒有增收田賦丁稅，反而五免天下錢糧，大蠲賦稅，總計蠲免賦銀三億餘兩，相當於七年全國賦稅收入。蠲賦次數之多，銀兩之巨，空前絕後，它不僅沒有使庫銀減少，反而是促進全國經濟發展，促使國庫存銀不斷增加，以致達到「府藏極盛」的一個十分重要的因素。

其五，入多於出，年年有餘。乾隆年間的收支情形，尤其是每歲開支後的餘額，呈逐漸上升的趨勢。初期，結餘不多。乾隆十年戶部尚書梁詩正奏稱：每歲天下租賦，以供官兵俸餉各項經費，唯餘二百餘萬兩。此後年度結餘不斷增加。以乾隆三十一年爲例，這一年的「歲入之數」是：田賦丁稅二千九百九十一萬兩，耗羨銀三百餘萬兩，鹽課銀五百七十四萬兩，關稅五百四十餘萬兩，蘆課、魚課銀十四萬兩，茶課七萬兩，落地、雜稅銀八十五萬兩，田地房屋買賣契稅銀十九萬兩，牙行、典當稅十六萬兩，礦課有定額的八萬餘兩，常例捐輸銀三百餘萬兩。總共是四千八百五十四萬餘兩。另外還有江蘇、浙江、江西、湖廣、河南、山東等省漕糧、白糧米四百六十餘萬石、新疆屯田歲收糧二十四萬石。其「歲出之數」是：兵餉一千七百餘萬兩，王公百官俸銀九十餘萬兩，文官武將「養廉銀」四百二十七萬餘兩，外藩王公俸銀十二萬餘兩，京官各衙門公費銀十四萬餘兩，內務府、工部、太常寺、光祿寺、理藩院祭祀、賓客備有銀五六萬兩，採辦顏料木、銅、布銀十二萬兩，織造銀一四萬兩，寶泉、寶源局工料銀十萬餘兩，京師各衙門胥役工食銀八萬餘兩，京師官牧馬牛羊象芻秣銀八萬餘兩，東河、南河歲修銀三百八十餘萬兩，各省留支驛站、祭

乾隆銅鍍金八角鼓式嵌鐘錶座凳（清宮造辦處造）

乾隆寫繪本《聖跡全圖》

祀、儀憲、官俸役食、科場廩膳等銀六百餘萬兩，歲不全支更定漕船歲約需銀一百二十萬兩。總計約三千五百餘萬兩。兩相抵銷，每年結餘多達一千三百餘萬兩。但這不包括蠲賦、賑災、用兵以及河工大災搶修等用費。

乾隆四十六年十月，大學士等奏稱：「現在統計部庫每年出入大數，約餘銀九百萬兩有奇」。乾隆五十七年，戶部總冊奏稱：上年各省實徵歲入銀四千三百五十九萬餘兩，開支俸薪、兵餉、驛站等費銀三千一百七十七萬餘兩，「餘銀一千零八十一萬餘兩」。每年結餘在一千萬兩左右，餘銀數量確實大得驚人，這就是保證國庫長期存銀五千萬至七千萬兩的根本因素。

魏源在《聖武記》卷十一《兵志兵餉》中，總論乾隆年間國庫存銀之多時，作了如下的概括：

康熙六十一年，戶部庫存八百餘萬。雍正

乾隆刻本《滿文大藏經》

間漸積至六千餘萬，自西北兩路用兵，動支大半。乾隆初，部庫不過二千四百餘萬，及新疆開闢之後，動帑三千餘萬，而戶庫反積存七千餘萬。及四十一年兩金川用兵，費帑七千餘萬，然是年詔稱庫帑仍存六千餘萬，及四十六年之詔，又增至七千八百萬。且普免天下錢糧四次，普免七省漕糧二次，巡幸江南六次，共計又不下二萬萬兩，而五十一年之詔，仍存七千餘萬。又逾九年而歸政，其數如前，是爲國朝府藏之極盛也。

「府藏之極盛」，就是乾隆年間國庫充盈、藏銀巨萬、空前絕後情形的簡明概括，這也爲乾隆帝普免錢糧，進行「十全武功」，六下江南，四次東巡拜謁祖陵，編纂《四庫全書》，大修宮殿園林寺廟，提供了物質條件。

大修宮殿園林寺廟的皇帝

詩書畫兼優、銳意創新的乾隆皇帝弘曆，運用國庫充盈存銀最多的財力，指點能工巧匠，按照自己的設想和意願，大興土木，對北京的皇宮、園林和承德的避暑山莊進行了持續五十餘年大規模的新建、改建、擴建工程，建成了一大批蜚聲中外的宮殿園林寺廟。其修建時間之長，建築項目之多，經費之巨大，珍品精品之多，成就之顯著，是中國歷史上的任何帝王難以與之比擬的。

先就北京的皇宮來說，除了明成祖初建皇宮外，任何一朝也沒有乾隆年間興建的項目多。他相繼新建了建福宮，改建了乾西二所並升格爲重華宮，重修了慈寧宮、壽康宮、壽安宮，移建了壽皇殿。對中南海、北海也進行了大規模的營建，新建了寶月樓、紫光閣、九龍壁、小西天、萬佛樓、闡福寺，等等。其中營建工程規模最大，最能體現乾隆對宮廷建築的新創意，成爲清代宮廷建築代表作的，當數寧壽宮的改建。

寧壽宮原來是康熙帝爲孝莊太皇太后修的，乾隆決定把它改建爲自己禪位歸政後的住處。由於他這位太上皇帝依然是乾綱獨斷掌握軍政大權的眞皇帝，所以要有聽政之所，而且規格要高，還必須有符合這一高貴無比身分的各種享受設施，如高規格的花園和戲臺。所以，這次改建，實際上幾乎等於是重建，花了大量白銀，僅工程預算，就是

紫禁城皇極殿

寧壽宮花園禊賞亭

一百三十萬兩銀子，還不包括宮內其他設施。從乾隆三十七年開工起，到四十二年才完成。

改建後的寧壽宮分爲前路和後路兩個部分。後路是寢宮，分東路、中路、西路三路。中路爲寢宮主體，有養性殿、樂壽堂、頤和軒與景祺閣。養性殿是仿照養心殿而建的，正中設寶座，在此處接見大臣，賜宴外藩。東路有戲臺暢音閣，這是宮殿內最大的戲臺，戲臺之北爲閱世樓，是帝后看戲處，周圍有轉角樓三十二間圍護，是群臣的看戲處。東路還有書房、慶壽堂、景福宮和供佛的梵華樓、佛日樓。西路爲寧壽宮花園，俗稱乾隆花園。它採用縱向串聯式，安排了以「幽」、「敞」、「變」、「雄」爲意境特色的四進院落，一氣呵成，盡量以山水意境規劃全園，處處以造景、框景手法，將詩情畫意融在景觀中，使深宮御苑成爲娛樂靈性、陶冶情感的藝術境界，從而成爲人們公認的宮中苑的精品。寧壽宮前路有皇極殿，仿外朝保和殿規制爲九間帶前後廊、重簷廡殿式建築，是乾隆歸政後的臨御之所。此處，還有與宮殿相配的庫房、值房等八十座建築、三百一十七間房屋。

寧壽宮佔地規模大，建築類型齊全，朝、寢、宮、苑以及服務房屋皆備，就像一座小型紫禁城，是一座皇城內的皇城。

乾隆的另一重大修建專案是新建清漪園。清漪園後改名爲頤和園，是眾所周知的「三山五園」之一。三山，係萬壽山、香山和玉泉山。五園是圓明園、清漪園、靜宜園、靜明園和暢春園。這五座皇家園林，除暢春園是康熙年間修建外，其餘的四座園林，清漪園、靜明園、靜宜園是乾隆修建的，圓明園在乾隆年間也進行了大規模的改建擴建。

清漪園的總面積約有六千畝，水面佔五分之四，於乾隆十六年至二十六年建成，總共花銀四百八十九萬餘兩。這個數目還不包括室內陳設、傢俱與綠化費用。

清漪園有大小景點一百多個，各式建築三千餘間，分爲前山、後山、湖內三個部分。前山又分東段、西段、中段。東段有勤政殿、樂壽堂、怡春堂、玉瀾堂等宮殿建築。中段有大報恩延壽寺、羅漢堂、寶雲閣、佛香閣。大報恩延壽寺「殿宇千楹」，「金碧輝映」，是

靜宜園全圖

乾隆年間修建的靜宜園玉峰塔

清漪園的主體工程。西段有聽鸝館，乃聽曲看戲的地方，其西爲石舫。

後山的主體建築爲「須彌靈境」和「香嚴宗印之閣」，是清漪園內大的建築群之一。後山還有諧趣園、雲會寺、繪芳堂等小園。

湖內有十七孔橋、廣潤祠、文昌閣、織染局、水村居、鳳凰樓等等。

經過乾隆年間的大規模修建，清漪園成爲建築精美風景如畫的又一大型皇家園林。

圓明園是康熙帝賜給皇四子雍親王胤禛的園子，到雍正末年，已建有一百六十座以上的建築，佔地三千畝。乾隆帝從三個方面對圓明園進行了大規模的營建工程。

第一個方面，是在圓明園內部調整園林景觀，增建若干建築組群。在圓明園原有的二十八景之外，經乾隆題名新修、改建、擴修的建築群，增加了十二景。這十二景是：山高水長、月地雲居、鴻慈永祜、映水蘭香、水木明瑟、北運山村、方壺勝境、澡身浴德、別有洞天、涵虛朗鑒、坐石臨流、曲院風荷。此外，還建了納翠樓、杏花館的春雨軒與得樹亭、皆春閣群樓等等幾十處建築。

第二個方面，是新修長春園。長春園建築用地一千畝，大約相當於圓明三園總面積的五分之一。園中的建築群分爲中路、東路、西路、北路四路。中路的主要建築群有澹懷堂、含經堂和淳化軒，這是長春園中最大的建築群。此外還有焚香樓、蘊眞齋等建築。蘊眞齋共有殿堂二百三十餘間，遊廊一百六十餘間，值房、庫房、茶膳房、花房等三十餘間，長街四十餘間，共計四百八十餘間。長街是「買賣街」，每年正月開市三天，由太監扮作商人，出售物品。東路有如園、映清齋、玉林玲瓏館等。西路有茜園、恩永齋、小有天園、海岳開襟、仙人臺等。北路有獅子園、諧奇趣等。諧奇趣等歐式建築群，一般稱之爲「西洋樓」。長春園內還建有法慧寺和寶相寺。

第三個方面，是修建綺春園。綺春園原係雍正帝賜與怡親王允祥的園子，乾隆前期賜與大學士傅恆，改名春和園。乾隆三十五年春和園歸入御園後，賜名綺春園，殿宇雖多，卻間有傾圮，只添修了宮門、朝門和公主住房，歲修工程較小。乾隆六十年到嘉慶元年，進行了大規模修繕，共修理殿宇、樓閣、亭廊二百六十三座九百七十六間，並添蓋殿宇、遊廊五十座一百八十一間。嘉慶帝親政以後，又進行了大規模的修繕和增建，到嘉慶十九年，綺春園佔地已達千畝，主要園林風景群近三十處。這時圓明三園處於全盛期，佔地五千二百畝，有

乾隆御題燕京八景之一── 瓊島春陰

清人繪《圓明園圖冊．花園門北面》

景點一百餘處，成爲「萬園之園」。

乾隆帝歲歲秋獮，四謁祖陵，幾十次來到承德避暑山莊，對山莊進行了長時期的大規模改建、擴建、新建工程，直到乾隆五十七年，才全部完成山莊的主要建築工程。

乾隆帝在山莊內新建了煙雨樓、獅子林、戒得堂、松鶴齋、永佑寺、花神廟、舍利塔、清音閣、廣元宮等等許多建築群。青蓮島上中心建築的煙雨樓，北面臨水，是仿照浙江嘉興的煙雨樓而建的，每當盛夏，煙雨濛濛，景色絕佳。獅子林佔地面積七千餘平方公尺，是仿照蘇州獅子林、北京圓明園獅子林建造的，有獅子林、虹橋、清淑齋等十六景。舍利塔建有八方形九層的浮圖，是仿杭州六和塔而建的。清音閣是座大戲臺，分上、中、下三層，它與北京紫禁城的暢音閣、圓明園的清音閣、清漪園的德和園，是當時宮廷的四大戲園。臺上設天井，一層臺爲木質活動地板，地板下爲地下室，深兩公尺，下有五眼水井。戲臺的北面是福壽園，是皇帝看戲的地方，兩側的群樓叫煙月清眞，是王公大臣和外國使臣看戲的地方。

乾隆還在山莊外面興建了普寧寺、安遠廟、普樂寺、普佑寺、普陀宗乘之廟、殊像寺、廣安寺、羅漢堂、廣緣寺、須彌福壽之廟等十座大型寺廟，加上康熙年間修的溥仁寺、溥善寺，人們一般稱之爲「外八廟」。

普寧寺，俗稱大佛寺，是爲了紀念清政府統一準噶爾部和尊重蒙族信奉喇嘛教習俗而建的。寺的規模宏大，主體建築是大雄寶殿和大乘閣。大乘閣高三十九．一六公尺，僅次於應縣木塔和頤和園的佛香閣。閣內供奉著一尊千手千眼觀音菩薩木雕立像，高二十四．一四公尺，是國內外已知的最高木造像。寺內還有刻有乾隆帝寫的《平定準噶爾勒銘伊犁之碑》和《平定準噶爾後勒銘伊犁之碑》兩塊石碑。

乾隆行樂圖

普寧寺附近的安遠廟，是乾隆帝爲照顧達什達瓦部部眾宗教活動需要而建造的。廟的主體建築普渡殿，是三層建築。廟的山門之外，有用六十四間平房接連起來圍廊組成的三層圍牆，圍牆繪有釋迦牟尼一生演化的故事壁畫。這種圍廊是喇嘛廟的常見建築。

普陀宗乘之廟，又稱「布達拉廟」或小布達拉宮，佔地近二十二萬平方公尺，由近四十座佛殿、僧房組成，是外八廟中規模最大的寺廟。乾隆帝修這座廟的目的有三：一是興黃

避暑山莊須彌福壽之廟

教，尊崇達賴；二是安蒙古，寵嘉群藩；三是恭祝母后的八十大壽和自己的六十大壽。因此，他花費了二百零六萬兩白銀，大興土木，修建了這座大廟。這座廟是仿照西藏布達拉宮修建的，主體建築是包括「萬法歸一殿」等建築的大紅臺建築群。萬法歸一殿頂覆鎏金銅瓦，金光閃閃，耀眼奪目。

普陀宗乘之廟的東邊是須彌福壽之廟，又稱班禪行宮，是供六世班禪到承德祝賀乾隆七十大壽而修的。此廟規模宏大，依山傍水，秀麗清幽，佔地三萬九千平方公尺。

外八廟是加強西藏、蒙古、新疆地方與中央政府的隸屬關係，鞏固統一的多民族國家的團結與發展的具有歷史意義的紀念建築物。

綜上所述，沒有乾隆年間大規模的營建，北京皇宮、頤和園、避暑山莊和外八廟就沒有今天這樣光彩奪目，名列世界自然與文化遺產名錄，圓明園也成不了聞名世界的「萬園之園」。

六下江南

乾隆十四年（一七四九年）十月初五日、十七日，乾隆帝弘曆相繼下了兩道上諭，講述欲於十六年巡幸江南的原因，大致有四點：一是江浙官員代表軍民紳衿恭請皇上臨幸；二是大學士、九卿援據經史及聖祖南巡之例，建議允其所請；三是江浙地廣人稠，應該前去，考察民情戎政，問民疾苦；四是恭奉母后，遊覽名勝，以盡孝心。

乾隆南巡圖．騎馬像

這些理由固然存在，但還有一個更爲重要的因素，這就是江浙的客觀環境和歷史條件。江浙兩省雖然地盤不大，人口也不特別多，大約只佔國土面積和總人口的百分之二，但它是魚米之鄉，其經濟條件和人文條件都在全國佔據著十分重要的地位。兩省上交的賦銀賦糧分別達到全國賦銀總數的百分之二十．八和賦糧總數的百分之三十，鹽課銀佔全國鹽課銀總數的百分之六十八，關稅佔全國稅額總數的一半。江浙人文茂盛，是全國文化最發達地區，才子學者之多，數倍數十倍於其他省份。僅以關係到政局和學術文化界的科舉而言，從順治三年到乾隆六十年的一百五十年裏，共舉行了六十一科，其中，江浙兩省出了五十一位狀元，佔全國狀元總數百分之八十七；出了三十八位榜眼，佔榜眼總數百分之六十二；出了四十七位探花，佔探花總數百分之七十七。再就大學士九卿督撫來看，江浙兩省出了很多大學士和尙書總督巡撫，像狀元出身的呂宮、徐元文、于敏中等都任至大學士。另一方面，江蘇、浙江又是明末遺民活動的中心，反清思想和反清言行一直不斷，發生了多起文字獄。沒有江蘇、浙江這兩個省巨大的財政收入和紳衿支持，清朝的統治是很難鞏固的。牢固控制住江浙，充分利用江浙的財力人力和物力，來發展其

「盛世」，這就是乾隆六下江南的根本原因。

乾隆帝於乾隆十六年、二十二年、二十七年、三十年、四十五年、四十九年六次巡幸江南，每次一般都要到江寧（南京）、蘇州、杭州、揚州，後四次還要到浙江的海寧。

六下江南所經之地和所做之事，雖然不盡相同，但大體上包括以下幾個方面，即蠲賦恩賞，巡視河工，觀民察吏，加恩縉紳，培植士類，閱兵祭陵。

乾隆帝在六下江南期間，多次下諭，蠲免江、浙、皖上千萬兩銀子。第一次南巡時，諭免乾隆元年至十三年江蘇積欠賦銀二百二十八萬兩、安徽積欠三十萬餘兩，及浙江本年應徵銀三十萬兩。二次南巡，諭免江、浙、皖三省二十一年以前積欠錢糧，又免浙江漕銀二十餘萬兩。三次南巡，諭免二十二年至二十六年三

《乾隆南巡圖》（第十二卷局部）

《乾隆南巡圖》中的北京前門

省積欠錢糧，又免浙江漕銀等項二十七萬餘兩。四次南巡，諭免江蘇、安徽錢糧一百四十三萬餘兩及浙江十三萬餘兩。五次南巡，諭免江蘇、安徽三十九年至四十四年欠銀一百三十餘萬兩。六次南巡，諭免江蘇、安徽欠銀一百三十餘萬兩。總計六次南巡免銀在一千萬兩以上。

以皇祖之心爲心的乾隆帝，也像其祖父那樣，極其重視河工海防，把它視爲六巡江南的一個主要任務。江蘇、安徽、浙江經常發生水災，乾隆七年，黃河、淮河同時漲水，江蘇、安徽的海州、徐州等府五十餘州縣「水災甚重」，災民多達七百——八百萬人。在乾隆寫的御制《萬壽重寧寺碑記》和《南巡記》裏，他著重講到，「南巡之事，莫大於河工」，「六巡江浙，計民生之最要，莫如河工海防」，「臨幸江浙，原因念河工海塘，親臨閱視」。這些話並非空談，而是乾隆傾盡全力大興河工的歷史實際的眞實概括。河工興修規模之大，投入財力物力人力之巨，興修時間之長，乾隆可以稱之爲古今唯一的帝王。以經費而言，每年河工固定的「歲修費」，多達三百八十餘萬兩，約佔每年朝廷「歲出」額數強。臨時興修的大工程，又動輒用銀幾百萬兩，像藺陽青龍崗之工，「費帑至二千餘萬」。

在乾隆四十九年的御制《南巡記》裏，他對幾十年大興河工的情形作了總結，主要是四大工程。第一項大工程是定清口水志，加固高堰大堤，基本上保護了淮安、揚州、泰州、鹽城、通州等富庶地區免受水淹。第二項大工程是陶莊引河工程，在陶莊開挖一條引河，寬八十——九十餘丈，長一千餘丈，深一丈餘，以防止黃河河水倒灌清口。引河開成以後，解決了「倒灌之患」。第三項大工程是在浙江老鹽倉一帶修建魚鱗石塘，歷時三年，花銀數百萬兩，修建好魚鱗石塘四千一百餘丈。第四項大工程是將原有范公塘一帶的土塘，添築石塘，修了三年多。這對保護沿海百姓生命財產安全，起了重大作用。五六十年以後，陳文述對比當年海塘利民和現在海塘失修災害加劇時，寫下有感而作的《議修海塘》詩說：

歎息魚鱗起石塘，當年純廟此巡方。
翠華親蒞紓長策，玉簡明禋賜御香。
列郡田廬資保障，萬家衣食賴農桑。
如何六十年來事，容得三吳駭浪狂。

《乾隆南巡圖·拜謁大禹陵》

另外，《南巡記》裏還提到將高家堰的三堡、六堡等原來用磚砌的堤一律改爲石堤，徐州城外添築石堤直至山腳。僅據《清高宗實錄》的記載，六巡期間，乾隆對黃河、淮河的河工及浙江、江蘇的海塘，下達了數以百計的上諭，指示治理，動用了幾千萬兩帑銀，完成了多項工程，對減少洪災、保護百姓田園廬舍和生命安全，起了不能抹煞的重大作用。

南巡期間，乾隆對禮遇致仕大臣和「培養士類」做了大量工作。他重新起用或擢用辦事實心頗有政績的大臣，像原任大學士的陳世倌、史貽直和大學士管江南河道總督的高斌，都是當時的能臣，僅因小過或一時不順上意，而被降被革被致仕，使其才幹無所施展，於國於己，皆有損害，現在借南巡之機，乾隆諭命他們三

《乾隆南巡圖》中的觀戲場景

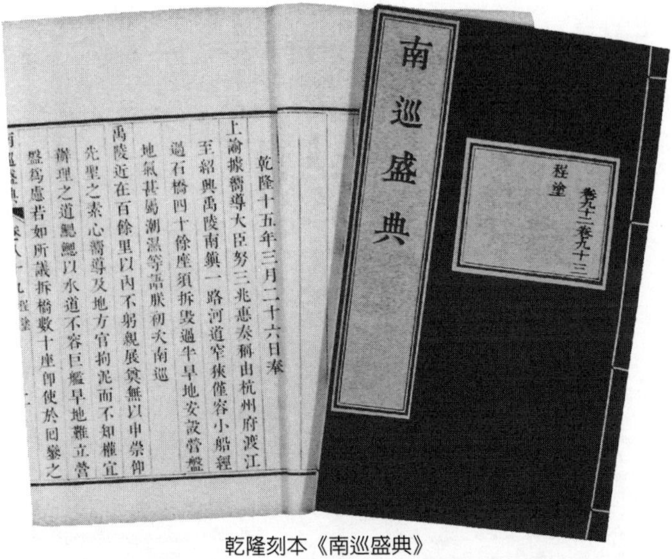

乾隆刻本《南巡盛典》

位都官復原職。原禮部侍郎沈德潛乃江南文壇泰斗、大詩人，原刑部尚書錢陳群詩書皆優，二人皆爲乾隆帝所賞識器重，在江南甚至在全國文人士子中影響很大，可以說是德高望重。乾隆南巡時，對二人十分優遇，既賜沈德潛御詩，又爲沈主持的紫陽書院題額「白鹿遺規」，並親寫長詩相賜，還加沈德潛禮部尚書銜，給俸，諭令錢陳群依其原官刑部尚書給俸。這在縉紳中當然會產生良好影響。

更重要的是「培植士類」。主要措施有二：一是增加生員名額。六次南巡，大約增加江蘇、浙江、安徽三省生員名額五千六百六十四名。也就是說，每次南巡增錄的生員，相當於每三年一次錄取的名額四分之一左右。二是考試敬獻詩賦的士子。試題均由乾隆親出。第一次考試江蘇、安徽、浙江進獻詩賦的士子時，江南（江蘇、安徽）取了一等五名，依名次順序是蔣雍植、錢大昕、吳烺、褚寅亮、吳志

《南巡盛典·金山》

鴻。浙江取中一等三名，即謝墉、陳鴻寶、王右曾，均特賜舉人，授爲內閣中書。以後五次南巡，每次取中的士子，名額又多了一些。

通過這六次的考試，清政府發現和培養了一批飽學之士，他們之中的一部分，有的成爲政界能臣，有的學界泰斗，有的詩文書畫大家。先以第一次取中的八位士子來看，江南一等第二名的錢大昕，歷任編修、侍講學士、學政、少詹事，精研經史，詩文特優，著作等身，撰寫了《唐石經考》、《二十二史考異》（一百卷）、《元史藝文志》、《潛揅堂文集》（五十卷）、《詩集》（二十卷）等幾十種著作，被公認爲有清一代經史權威、學界泰斗、文壇大家、詩詞巨匠。謝墉，浙江一等第一名，歷任編修、內閣學士、殿試讀卷官、吏部侍郎、上書房行走、國史館副總裁、四庫全書館總閱。另外，褚

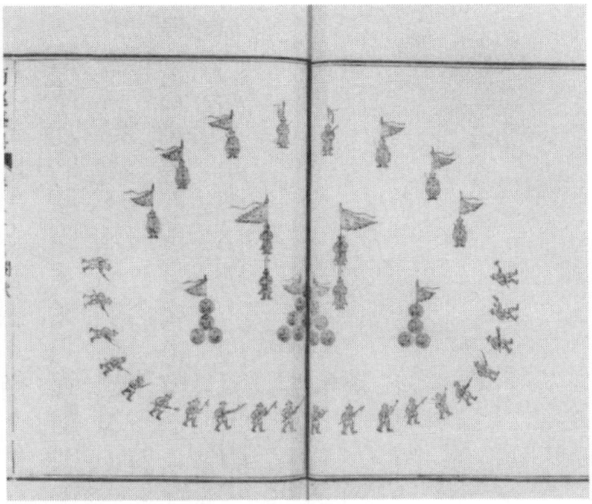

《南巡盛典·閱武》

寅亮、王右曾等人也是著述甚多，成就很大。

以後第二、三、四、五、六次取中的士子，也是人才濟濟。像孫士毅，歷任四庫全書總纂官、雲南巡撫、兩廣總督、吏部尚書、大學士。王昶，歷任鴻臚寺卿、大理寺卿、左副都御史。特別需要強調指出的是，考取的士子中，不少人參加了《四庫全書》的編輯工作，有些人還是重要人物，對編纂《四庫全書》做出了突出貢獻。僅據初步統計，名列四庫全書館任事官員的便有十六七位，他們是副總裁沈初，總閱官謝墉，總纂官陸錫熊、孫士毅，總校官陸費墀，翰林院提調官馮應榴，武英殿提調官韋謙恆，總目協勘官程晉芳，纂修官、分校官金榜、王念孫、張培、鮑之鐘、沈叔埏、楊揆、趙懷玉等。

南巡期間，乾隆還在蘇州、杭州、江寧、嘉興等地多次閱兵，檢閱軍隊操練，整飭營務，對所到之地的地方官

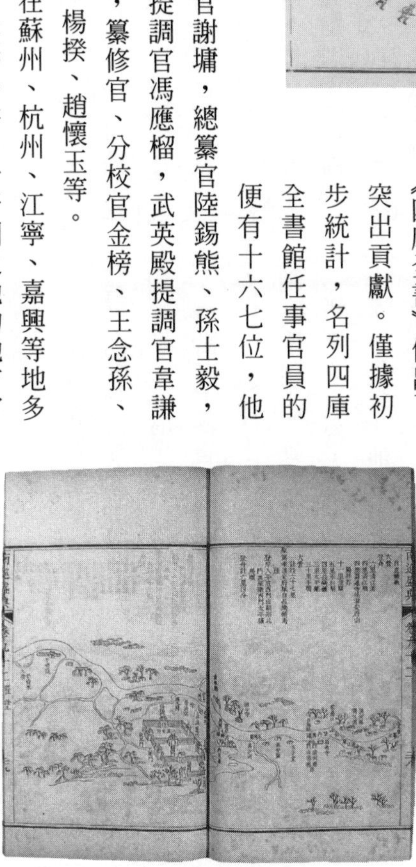

《南巡盛典·程途》

員予以考核獎懲升降。另外，他還遊遍江南名勝，觀古賞景，悅目怡心，賦詩唱和，題字留念，廣寫匾額。

六下江南，有得有失，有利有害。通過六巡，乾隆帝相當清楚地了解江南的官風民情，又大興河工，廣蠲賦稅，禮遇致仕大臣，培植士子，宣揚了聖恩，對爭取縉紳士民，安定江浙，保護百姓的身家性命財產，發展生產，豐富文化，創造和延續「大清全盛之勢」，起了積極的促進作用。但是，另一方面，開支確實十分巨大，每次南巡，歷時四五個月，隨駕當差的官兵一般是三千名左右，約需用馬六千匹和船四五百隻，還有幾千名役夫，用掉了上百萬銀兩，還給民間帶來了極大的騷擾。乾隆對此也很了解，他在四十九年的御制《南巡記》裏，既講述了「西師」、「南巡」兩件大事成功的原因，又明確指出，不具備君主之「無欲」、扈駕人員之「守法」、官員之「奉公」、人民之「瞻覲親切」這四個條件，不可言南巡。過了十幾年，他對南巡的勞民傷財有了更深刻的認識，對軍機章京吳熊光說：「朕臨御六十年，並無失德，惟六次南巡，勞民傷財，作無益，害有益，將來皇帝南巡，而汝不阻止，必無以對朕。」

怒誅國舅

乾隆三十三年(一七六八年)六月初七日，兩淮鹽政尤拔世上奏摺說：上年兩淮鹽政普福奏請預提戊子綱引目，仍令各商每引繳銀三兩，以備公用，「共繳貯運庫銀二十七萬八千兩有零」，普福任內共動支過八萬五千餘兩，其餘現存十九萬餘兩，請交內務府查收。

乾隆皇帝像

乍一看來，這是一般的新舊鹽政交接的例行公文，只講預提鹽引上繳的銀子收支情形，沒有說它有什麼問題。如果是粗心大意的平庸之君，或者是雖然精明但對鹽務不甚了解記憶力差的皇帝，就會把它當作雞毛蒜皮的小事，不值一提，看過就扔在一邊了。然而，乾隆可不是這樣的君主，他立即感覺到此事非同小可，命令軍機大臣查檢檔案。發現檔案對此沒有記載後，他便斷定這是個大案子，馬上下諭清查此事說：此項銀兩，鹽政從未奏明，私行動用，甚是駭異。軍機大臣翻閱戶部檔案，沒有找到造報派項用數的文冊，「顯有蒙混不清，私行侵蝕情弊」。且自乾隆十一年提引之後，「每年提引自二十萬至四十萬不等」，若以每引繳銀三兩計算，「二十年來銀數應有千萬餘兩，自須徹底清查」。但年歲久遠，頭緒紛繁，尤拔世一人不能獨辦，著江蘇巡撫彰寶秘密趕往揚州，會同鹽政詳悉清查，「務使水落石出」，不准隱飾瞻徇姑息了事。

接到皇上嚴旨，彰寶、尤拔世不敢怠慢，也不敢循私庇護，立即嚴格審查，並迅速奏報此案說：預提第二年鹽引，本係奏准辦理之事，沒有差錯，但每引有多少餘利及要徵收公銀一事，歷任鹽政竟然隱匿，並未奏報，「居心實不可問」。傳訊眾鹽商總商後得知，歷年以來，「共獲餘利銀一千九十餘萬兩」，其中辦貢品及預備（南巡）差務用銀四百六十七萬餘兩，尚欠交「餘利銀六百數十萬兩」。另外，送過高鹽政（高恆）銀十三萬五千九百餘兩，代普鹽政辦如意銀三百二十兩，代吉鹽政辦貢物墊銀三千餘兩。

江蘇巡撫彰寶此摺，震驚朝野，因爲它涉及到四個大問題：其一，巨款去向。這可不是千兒八百的區區小數，而是一千餘萬兩，相當於朝廷全年收入的四分之一，如是貪污，那可是前所未有的特大貪案。其二，上涉聖躬。鹽商供稱的辦貢是進獻皇上，差務是天子連續四次下江南巡幸揚州。乾隆帝一向宣稱拒收貢物，禁絕獻寶，出巡費用皆係「官爲經理」，不取於民，那麼，這四百六十餘萬兩銀子又作何解釋。其三，牽連廣泛。從乾隆十一年到三十三年的二十年裏的鹽政、運使、同知、江蘇巡撫、布政使、按察使、兩江總督、揚州知府等等數十名地方高級官員，皆難辭其咎，不是侵吞分肥，便是收受賄賂，至少也是失察疏縱，按律究治，難逃革職降級處死籍沒充軍惡運。兩淮總商和一些富商也不能倖免，官商二界勢必驚惶不安，人心浮動。其四，皇親難參。總商黃源德等交過銀的高鹽政，可不是一般

《蘇州織造局圖》碑

無足輕重的小官，而是皇貴妃之弟、相爺之子、爲帝寵信的高恆。高恆之姐係乾隆即位以前的側福晉，深受夫君寵愛，卒後乾隆帝親謚以「慧賢」。高恆之父高斌，任至大學士、軍機大臣、內大臣管兩江總督等職，乾隆帝讚其治河成績顯著，「功在民間」。高恆的堂兄高晉，此時正任兩江總督。高恆憑仗姐、父、兄的權勢和帝恩，歷任要職，青雲直上，飛黃騰達，管理多處關稅，乾隆二十二年起任兩淮鹽政，直到三十年因高晉爲兩江總督，例當迴避，才調入京師，授內務府總管大臣。正因爲高恆權勢顯赫，所以彰寶只奏請將現任鹽運使趙之璧暫行解任，而對高恆隻字不提，不敢奏請將其革職拘審。

對於這樣一樁重大案件，一開始乾隆是十分認真對待的。他讀過彰寶奏摺後，於當日及第二日的兩天裏，連下八道上諭，責令嚴查嚴辦。第一道上諭是革高恆、普福、前運使盧見曾等官職銜，以前賞給總商黃源德、江啓源等人的布政使、按察使銜，均予革去，交彰寶審訊。第二道上諭是查封盧見曾原籍貲財。第三道上諭斥責兩淮鹽商欠銀冒賞，令其交足「未繳餘利銀六百數十餘萬兩」及冒濫支銷之銀，並賠交歷任鹽政的虧空。第四道上諭是訓斥兩江總督尹繼善和高晉循私隱瞞，交部嚴加議處。第五道上諭是令將普福住所貲財查封。第六、第七道上諭是立即拘拿

慧賢皇貴妃像

高恆的辦貢人顧蓼懷，押往揚州審訊。第八道上諭是傳諭兩淮鹽商認眞辦事，運鹽賣鹽，不得影響民間食用。

從以上八道諭旨來看，乾隆帝是想徹底查清這一特大貪案，具體要求有三條：一是查審高恆、普福、趙之壁、盧見曾等歷任鹽政、運使貪婪之罪；二是追查兩淮總商應交之銀和應賠之款；三是懲治負有稽查鹽政之責的尹繼善、高晉等有關地方大員。這都是十分棘手的難題。高恆久任鹽政和管理關稅，貪婪詳情難以一一查清。兩淮鹽商僅未繳餘利銀就多達六百餘萬兩，如按諭旨要求追徵其冒濫支銷之銀和歷任鹽政侵呑公款無法償還之銀，這又是二三百萬兩，這樣八九百萬兩的巨額銀子，兩淮鹽商是無力承擔和交清的，勢必使其傾家蕩產，無力再繼續購買產區之鹽向外運銷。這不僅將影響到湖北等幾個省幾千萬人口食鹽的供應，而且兩淮運司年交國庫幾百萬兩的課銀亦將落空，對皇上的額外收入也有重大的影響。單單是二十年中曾任兩淮運司的其他鹽政、運使、監掣同知、運判等鹽官和總督、巡撫等監管官員，清查起來，也是十分困難。簡而言之，此案涉及人員很多，銀數極大，關係到清政府的國庫收入和幾千萬人的食鹽供應，要想徹底清查，既非常困難，又沒有必要，因爲這樣做，將直接影響國庫的來源和天子今後的享受，並且大量銀兩也的的確確是供應皇上南巡和

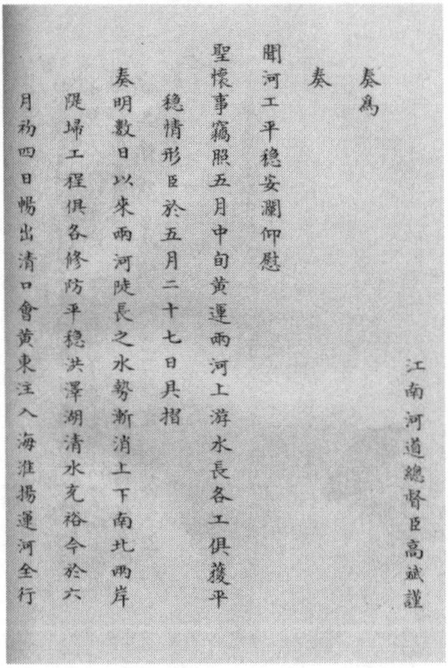
江南河道總督臣高斌謹
奏爲
奏
聞河工平穩安瀾仰慰
聖懷事竊照五月中旬黃運兩河上游水長各工俱獲平
穩情形臣於五月二十七日具摺
奏明數日以來兩河陡長之水勢漸消上下南北兩岸
隄埽工程俱各修防平穩洪澤湖清水充裕今於六
月初四日暢出清口會黃東注入海淮揚運河全行

高斌任江南河道總督時的奏摺(局部)

備辦貢品而用掉的，眞要追查到底，就該給萬歲爺定上收受贓物揮霍民財勒索鹽商的罪名了。誰敢這樣辦？乾隆願丟這個醜嗎？所以，最後只能是有所清查，但不能盡懲，只能從輕從寬了結。案情的發展、變化和結局，正是這樣。

在皇上幾十道諭旨的指示安排督促下，經過巡撫審訊，刑部複審，大學士複議，歷時四個月，到三十三年十月下旬，此案大致結束。其最後確認的案情「事實」結論是：前鹽政高恆收的二十餘萬兩銀子，多係備辦差務用掉，前鹽政普福所用八萬餘兩，亦多用於公務，二人的罪狀僅僅是「於提引應歸官帑銀兩，恣意侵漁，數至累萬」，高恆「受銀三萬二千兩」，「普福私銷銀一萬八千八百餘兩」；原任兩淮鹽運使盧見曾隱匿提引銀兩，「私行營運寄頓」；現任鹽運使趙之壁雖無染指，但對鹽政高恆、普福侵蝕公帑，對屬下監掣同知楊重英勒索淮商三萬五千餘兩之事，諉爲不知，不予參奏；兩淮鹽商未交的餘利銀不是六百餘萬兩，而是減爲三九六萬餘兩，其中還有代高恆、普福、盧見曾墊爲器物之銀；爲高恆辦貢之人顧蓼懷，經手收取鹽商的十五萬兩銀，係高恆令其向鹽商支銀置辦物件，並非高恆盡行侵用，亦非商人奉令代辦，而是顧某慫恿高恆，己亦牟利，以致釀成大案。翰林院侍讀學士紀昀、候補中書徐步雲、軍機處行走中書趙文哲、軍機處行走郎中王昶「漏洩通信」，使盧見曾豫聞查抄之旨，遂將家產四處寄

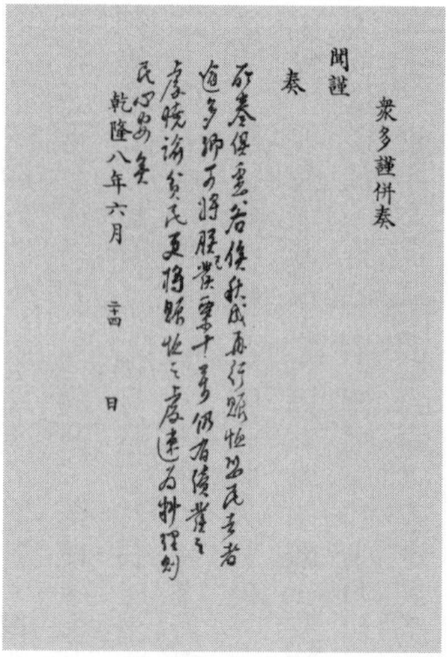

乾隆皇帝在高斌奏摺上的朱批

頓藏匿。

將這些結案的定論，與案發之時的罪情相比，顯然案情是大爲縮小減輕了，高恆只是收受賄銀三萬二千兩而非吞沒數十萬兩，兩淮鹽商只少交了餘利銀三百九十六萬餘兩而不是六百餘萬兩，運使趙之壁並無染指之事，連乾隆帝欽定爲「案內要犯」的辦貢人顧蓼懷，也沒有犯下大罪。一樁幾百萬兩白銀涉及眾多人犯的巨大貪案，就這樣縮小至三兩萬兩贓銀，案犯僅數人而結局，實在出人意料之外。就此而言，乾隆帝是有所妥協大爲退步了。

當然，乾隆帝之所以如此了結此案，是經過深思熟慮的，絕非草率、糊塗、不明眞情。正因爲他在查案過程中逐漸清楚地認識到前述那些危險，所以才改變了初衷。儘管在案犯多少、贓銀數量等方面，乾隆帝退了一大步，但此時他畢竟還在力圖整頓吏治重懲貪官，因而在懲治高恆、普福、盧見曾的問題上，堅決排除干擾，依法懲辦。他諭令抄沒三人家產，將高恆、普福押赴法場斬首示眾，盧見曾絞監候秋後處決。兩淮鹽商欠交之銀限定十年內交清。高恆雖然只定了侵吞帑銀三萬二千兩的罪，但其抄沒

蘇州虎丘（西方人繪）

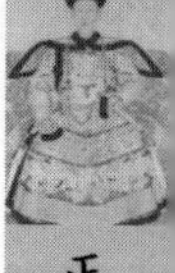

入官的家財卻多達數十萬兩，在經濟懲辦上也算是執法從嚴了。

乾隆帝將已故愛妃之親弟弟，也就是自己的小舅子高恆處以死刑，並非沒有干擾，爲高恆求情者大有人在，甚至連乾隆帝最寵信的首輔、皇后之弟、一等公傅恆，亦懇求皇上「念慧賢貴妃之情」，免高恆一死。乾隆立即厲聲拒絕說：「若皇后兄弟犯法，當如之何？」這實際上是警告傅恆，不要認爲你是皇后的兄弟就可超越王法之外，只要你犯了國法，也要像對高恆那樣將你斬首。傅恆聽後，嚇得魂不附體，「戰慄失色」。這表明，乾隆帝此時的確力圖整飭吏治，嚴懲貪官。

處斬皇貴妃之侄

乾隆四十三年（一七七八年）九月中旬，烏什辦事大臣永貴的奏摺送到了皇上面前。永貴奏稱：葉爾羌阿奇木伯克色提巴爾第控告葉爾羌辦事大臣高樸在葉爾羌苦累回人，私採玉石，串通商人，販至內地售賣。本人現已趕到葉爾羌，將高樸拿下，拔去其花翎頂帶，與案內人犯一齊審訊。

乾隆皇帝像

只就奏摺所述之事，乍一看來，似乎問題既簡單，又不算大案。一個駐葉爾羌的辦事大臣私自採玉販賣，另一位官員將其擒捕下獄審訊，案情是簡單明瞭的，不複雜，又未說明案值幾萬幾十萬兩銀子，不是疑案大案，似乎不值得奏報天子。然而，如果聯繫到奏報人和犯官的身分地位職銜，犯的罪之性質及危害，奏報者對犯官採取的措施，仔細分析，便可發現，問題並不簡單。

奏報人永貴，何許人也？看看他的經歷，就會有所了解。永貴，滿洲正白旗人，是官宦子弟，父親布蘭泰任過江西巡撫、古北口提督。永貴從筆帖式做起，相繼升任郎中、道員、布政使、巡撫、尚書、都統、署伊犁將軍、吏部尚書、左都御史、署大學士，也算是一位歷任內外要職的大臣。因吏部奏請以建言遭譴降任主事的李漱芳升爲員外部，乾隆帝下諭，痛斥永貴市恩，革除其所有官職，拔去花翎，加恩賞給三品頂帶，自備用費，前往烏什任辦事大臣，若不痛改前非，實心任事，必將其在烏什正法。可見永貴是失寵貶任之臣。

至於犯官，情形就大不相同了。這位高樸，可非等閒之輩，姑姑是乾隆帝之愛妃已故慧賢皇貴妃，祖父是爲乾隆帝讚賞的已故大學士高斌，堂伯父高晉現任大學士兼任兩江總督、漕運總督、禮部尚書，統理南河總督事務。雖然父親高恆因受賄處死，但皇上並未株連其子孫，反而念其姑姑之情與祖父之功，對高樸關懷備至，很早就授其爲武備院員外郎，超遷左副都御史，官階正三品，不久又升爲從二品的兵部右侍郎。三十九年，太監高雲從將《道府記載》私自洩露給官員，左都御史觀保等官私下議論此事，高樸上疏劾奏，乾隆帝大怒，將高雲從斬首，革觀保等人官職，嘉獎高樸，並嚴厲警告群臣，若欲因此案而傾害高樸，則是自取其死。這樣一位門第顯赫的皇親國戚、蒙乾隆帝嘉獎的大臣，豈能被遭譴貶任的三品官永貴參倒！弄不好，永貴很可能引火焚身，反遭高樸陷害下獄呢。

並且，高樸不是內地知縣、知府等普通官員，而是葉爾羌的辦事大臣，這種辦事大臣是清朝特殊的官職，是欽差大臣，是皇上欽命他來管理葉爾羌的。在這一點來說，他與永貴沒有區別，永貴也是辦事大臣，不過永

慧賢皇貴妃朝服像

乾隆后妃像

貴是烏什的辦事大臣而已。當然各城的辦事大臣雖然都是欽差大臣，但他們之間也有上下隸屬關係，此時回疆各地的辦事大臣都隸屬於烏什辦事大臣管，烏什辦事大臣的準確名稱叫參贊大臣。按職權而言，參贊大臣「綜理八城事務」，可以管葉爾羌、庫車等回城。可是，一則高樸是轄治葉爾羌的欽差大臣性質的辦事大臣，非同一般；再則辦事大臣的官品按其來此之前任職的兵部右侍郎官品算，是從二品，永貴的原官從一品的尚書、總督等職已革，只是加恩賞給三品頂帶，比高樸低一個大級，沒有皇上的諭旨，不是關係到地方存亡的特殊時刻，不要說欽差大臣性質的辦事大臣不能被隨意革職捕拿，就是內地按察使等三品以上的大員也不能逮捕下獄。可是永貴竟然這樣做了，拔去高樸花翎頂帶，革其官職，捕拿下獄，嚴加審訊，這可是冒著很大風險的了。

永貴總算是禍盡福來。他這次出於公心，欲圖爲回人除害，爲朝廷效勞，帶有魯莽行事的行動，幸運地得到了皇上的嘉獎和大力支持，因爲乾隆帝一下子就看清楚了此案絕非苛索屬民收受賄銀的普通貪污案子，而是關係到回疆安危的特大案件。從九月十六日閱過永貴奏摺到二十日的五天裏，他連下十道上諭，雷厲風行地督辦此案。第一、二道上諭是嘉獎永貴，命其嚴審高樸和助其爲虐的伯克。諭旨說：色提巴爾第呈文內有「高樸自鄂對故後愈甚等語」，可見高樸「苦累回眾，非自今日，若不嚴加懲治，必致回人俱不聊生，因而瓦解」。伊什罕伯克乃幫同阿奇木伯克辦事之人，「高樸擾累回民」，理當諫阻，而阿布都舒庫爾和卓不僅不予諫阻，反而「從中慫恿取利，情實可惡」，著予嚴行審訊。

第三、四道上諭是命令各地盤查高樸的家人。諭旨說，色提巴爾第控稱，高樸曾遣家人進京送回銀兩等物，夥同商人盜運玉石至內地販賣。從葉爾羌到內地，「處處俱有關隘盤查」，這數百斤重的玉石如何能運至內地？顯係地方官員懈弛之故。著沿途各省總督、巡撫，飛速飭令屬下官員留心盤詰，如有高樸的家人過境，即行鎖拿，嚴密搜查其攜帶物件，委派妥當人員，一併解送到京審訊。

第五道上諭是因烏什事務較繁，命永貴在葉爾羌迅速審理高樸案內人犯，馳奏以後，立即返回烏什，暫派和闐辦事大臣馮興阿前往葉爾羌，管理地方及採玉等事。

第六道上諭分析了案情。諭旨說：密爾岱山久經封閉，嚴禁開採，並安設卡座

碧玉「謹起居慎出令」璽

一處，以防私自盜竊。檢閱五月間高樸的奏摺，其藉口嚴防回人涉險營私，而欲間年開採一次，顯係暗中與商人串通漁利，特借此奏預佔地步，得以逞其所爲，其居心實不可問。高樸曾代色提巴爾第差人往密爾岱，即送色提巴爾第元寶五十個，分賄以塞其口，且僅此一次，已多至二千五百兩，「則高樸婪得之數，不知幾何？」伊什罕伯克是與高樸通同作弊之人，伊供稱所得僅二千餘騰格，其贓銀爲何較色提巴爾第少，顯然有僞，著嚴訊查明。

第七道上諭是命令嚴查販玉的私商。諭旨說，偷採玉石，例有禁令，商人出口私自偷買，運回販賣，已有應得之咎，乃竟敢與欽差大臣講明勾通，赴山偷採，「尤爲可惡」。恐私商早已將偷採玉石私運進口，甘肅的嘉峪關和陝西的潼關是大路總匯之地，各商進口，必由二關行走，著陝甘總督勒爾謹、陝西巡撫畢沅即令屬下在關留心盤詰，如有客商私販玉石經過，即行捕拿，奏明治罪，並將其私運的玉石送到北京。

徐揚繪《京師生春詩意圖》

第八、九道上諭是根據阿桂之奏而發的。大學士阿桂奏稱：查抄高樸家產時，發現從葉爾羌帶回家中的信講道：「所有物件俱令常永、李福兩次帶回家中」，「家人李福差往內地別處辦事，年底方得回京」。高樸家內查有金珠玉碗。李福、常永尚未回京，現派人員分路截拿。乾隆在這第八、九道上諭中講了四個問題。一是誇獎阿桂善於辦事。二是緝拿李福、常永，二人是高樸所用之人，高樸行事，二人必知，解到北京後，嚴刑審訊，務令二人將高樸數年貪婪之事和盤托出。三是痛斥高樸。他說，查閱了色提巴爾第所開高樸的金珠、玉碗等物的清單，單上所載玉碗甚多，家信又說那些玉碗「係極好者」，而高樸每次所進玉器，不過九件，且俱平常，而「以佳者留藏家內」，即此一端，亦可見其天良盡喪矣」。四是審訊有關私帶玉石的待衛。

九月二十八日，乾隆帝連下三諭，十月初二日再下一諭，宣布處死高樸，嚴厲斥責其罪，獎懲有關官員。他在諭旨中說：回疆辦事大臣，經理該處事務，責任匪輕，當體朕意，撫輯回民，俾得安居樂業，不宜稍有派累滋擾，致蹈素誠覆轍，貽誤國事。乃高樸在葉爾羌，勒取回人財物，贓數累累，又派回人三千餘名，到密爾岱山採取玉石，「致諸回受累含怨」，「回人無不抱怨」。從前厄魯特（轄束回部之時）喀喇罕「動向回人勒

清宮藏英國銅鍍金油畫鳥籠鐘

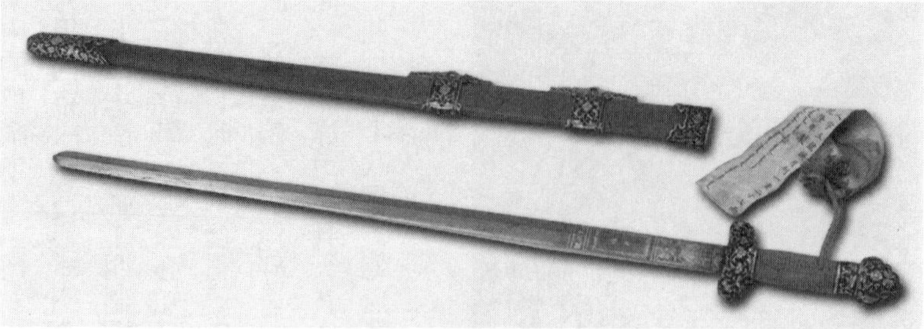

乾隆紅鯊魚皮鞘寶劍

索」，幾至激變。今高樸係欽差大員，肆行擾害，與喀喇罕何異，稍遲數年，恐又有烏什之事，深可痛恨。著即將高樸於該處正法。助紂爲虐的伊什罕伯克阿布都舒庫爾和卓等人，亦著一同正法。吏部尚書、烏什參贊大臣綽克托，通同徇隱，著即革職，拿交刑部治罪。永貴補授吏部尚書。揭發高樸的葉爾羌阿奇木伯克色提巴爾第公爵，著賞給貝子銜。

乾隆帝又連下數十道諭旨，徹底查清了高樸盜賣玉石案值近百萬兩銀子的大案，懲辦、斥責了徇情枉法庇護高樸的堂伯父大學士、兩江總督高晉、江蘇巡撫楊魁、陝甘總督勒爾謹、陝西巡撫畢沅等官員，撫恤回人，動用官銀，將高樸勒索派累回人的銀物一一償還，蠲免採玉的回人明年應交的錢糧，把密爾岱山立即封閉，永遠不許開採，諭令回疆官員、伯克奉公守法，否則高樸便是前車之鑒。這一切，對安定回疆，撫恤人心，起了很好的作用。

大學士、總督納銀論斬

乾隆四十五年（一七八〇年）正月二十六日和二十七日，乾隆帝連下三道上諭：派戶部左侍郎和珅、刑部右侍郎喀寧阿前往貴州查辦案件，與其同行的司員，均一併馳驛前往；命兵部右侍郎顏希深馳往貴州，等候和珅到達之時，由其面傳諭旨；諭軍機大臣嚴密稽查沿途驛站，防止走漏消息，並傳諭湖南巡撫李湖，因該省是去貴州的必經之路，令其委派幹練人員，嚴密稽查，如有私騎驛馬由北往南，便係透漏消息之人，立即截拿，審訊來歷，據實具奏。這道上諭「由六百里加緊傳諭」。

王致誠《乾隆射箭圖》

此舉顯得太不尋常。一則委派之官分量很重。雖然和珅等三位都只是侍郎，官階從二品，比他們高的正二品、從一品、正一品的大臣起碼有百位以上，但這三位侍郎可非等閒官員。和珅正蒙皇上擢用信任，喀寧阿是公認的查案能臣，顏希深是欽諭爲可大用之臣。這樣的能臣、重用之臣一同前往查辦之案，顯然不是小案，被查之人不是三品以下之官。再則，傳諭湖南巡撫之旨，是「由六百里加緊傳諭」，小事怎會使用日行六百里之驛，顯係十分緊急之事。三則三位侍郎都到貴州，而且說明和珅、喀寧阿是前往貴州查辦案件，還要嚴查前去貴州的可疑人員，被查辦之人是否是貴州巡撫？但又不太像，此時的貴州巡撫舒常，是歷任尚書、總督、將軍、大學士，兩次圖形紫光閣的舒赫德之子，是平定金川的參贊大臣，也是圖形紫光閣，爲皇上器重。此人長期從事征戰，四十二年因父病故回京治喪才改爲文職，當工部侍部，四十四年三月調任貴州巡撫，任職才九個多月，怎能犯下大罪要派欽差大臣前來查辦？

不久才知道，乾隆帝採取這樣嚴密的緊急措施，委派能臣、信任大臣爲欽差大臣，不是一時的衝動，也不是查辦舒常，而是要清理一件重大案子，這就是要審查雲貴總督李侍堯貪贓不法之案。此事的起因，來源於前些時候乾隆之訪聞。雲南糧儲道海寧是原任總督明山之子，因擢任按察使回京。海寧雖然看到李侍堯的種種貪婪情形，卻不敢據實上奏，也不敢開列款款劣跡呈稟軍機大臣代爲奏達，僅僅在私下裏議論。乾隆有所風聞，兩次召海寧訊問，海寧始終隱瞞，不敢奏出李之罪狀，且稱李能辦事。乾隆大怒，命軍機大臣傳旨嚴訊，海寧才稟告李侍堯貪婪情形。

為什麼海寧如此畏懼李侍堯？爲什麼皇上要採取這樣嚴格的保密措施？先前查辦的幾件貪案爲什麼都不像此次這樣嚴加防範？這些問題集中到一點，即表明了李侍堯的權勢和影響。

在政界裏，與其他官員比，李侍堯具有三大優勢：一是開國元勳之後。李侍堯的四世祖李永芳乃聞名關內外的清朝開國元勳，娶清太祖努爾哈赤的孫女爲妻，欽封「撫順額駙」，授三等總兵官，總理漢人事務，在漢軍旗人裏，李永芳家是首屈一指的勳貴之家。二是世爲高官。李永芳的第二子李率泰，歷任兩廣總督、閩浙總督、大學士。第五子霸彥，襲父三等子爵，以軍功晉封一等伯，後

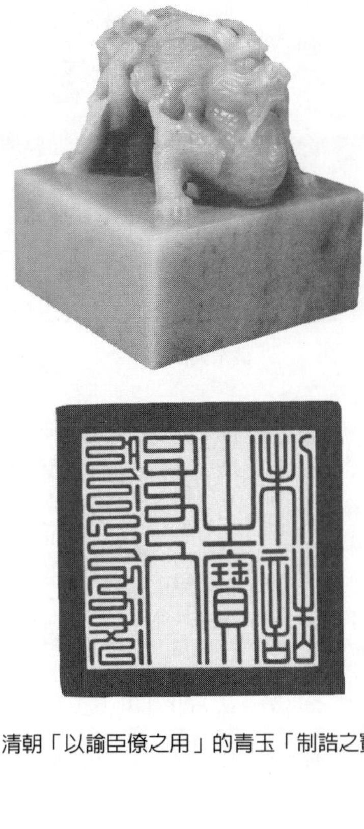

清朝「以諭臣僚之用」的青玉「制誥之寶」

雲南輿圖

追贈「昭信」爵號。李侍堯之父李元亮，官至戶部尚書。三是欽封能臣。乾隆初年，李侍堯以蔭生授印務章京，皇上一見其面，即誇獎他爲「天下奇才」，立授其爲副都統。部臣以此舉違例諫阻，帝拒絕其諫說：「李永芳孫，安可與他漢軍比。」李侍堯的才幹爲眾所公認。原禮親王昭槤稱讚他說：「其人短小精敏，機警過人，凡案籍經目，終身不忘。其下屬謁見，數語即知其才幹，擁几高坐，談其邑之肥瘠利害，動中窾要。州縣有陰事者，公即縷縷道之，如目睹其事者」。

這樣一位爲乾隆帝賞識誇獎才幹超群的開國元勳之後，當然在仕途上一帆風順，青雲直上。李侍堯從乾隆十七年任副都統起，二十年擢侍郎，署廣州將軍，二十一年署兩廣總督，至二十四年實授兩廣總督，二十六年被召入京師，授戶部尚書、正紅旗漢軍都統，襲勳舊佐領，二十八年授湖廣總督，第二年調兩廣總督，以丁憂回京署工部尚書、刑部尚書，三十二年回兩廣總督任，襲二等昭信伯，三十八年升武英殿大學士，仍留總督任，四十二年調任雲貴總督。在二十來年的京內外尚書、總督要職上，李侍堯辦了不少事，尤其是在總督任上，政績比較顯著，被乾隆帝譽爲「老成能事」之督撫中佼佼者。這樣的軍國重臣，怎能輕易參倒！這就是海寧不敢據實劾奏李侍堯貪污不法的原因。乾隆帝之所以要嚴密封鎖驛站消息，也就是怕李侍堯的親朋屬員洩漏消息，貽誤審案。

連下三諭之後的第八天，二月初四日，乾隆又諭告軍機大臣：前因海寧控告李侍堯在滇不法，已派和珅、喀寧阿前往查辦。如查有實據，即傳旨將李解任，命舒常署理雲貴總督，顏希深署理雲南巡撫。

和珅尚未來得及上報查訊情況，湖南巡撫李湖已經截拿李侍堯的差弁張曜等人。張曜等人係奉督爺之令，送銀五千餘兩及玉器十件回京城家中。李侍堯的家人張永受也託張曜帶銀七千餘兩回京。乾隆帝立即諭令協辦大學士、戶部尚書兼管刑部尚書事的英廉抓緊審訊李侍堯在京師家中的心腹家人。

三月中旬，和珅、喀寧阿等人奏稱：李侍堯供：收受迤南道莊肇奎白銀二千兩，通判素爾方阿三千兩，按察使汪圻五千兩，臨安府知府德起二千兩，永川府知府張瓏四千兩；又，前年差家人張永受進京修房，素爾

《皇清職貢圖》之「麗江等府怒人」

方阿、德起各送銀五千兩，均交與張永受。張永受供：主子發交珠子二顆，一顆賣給昆明知縣，勒要銀三千兩；另一顆賣給同知方洛，勒要銀二千兩。

乾隆看過奏摺後於三月十八日連下五道上諭。第一諭，革諸犯之職，將李侍堯、汪圻、莊肇奎、張瓏、素爾方阿、方洛等，俱革職拿問。第二諭，革雲南巡撫孫士毅職，發往伊犁，自備資斧效力贖罪，以其隱瞞李侍堯種種劣行，予以懲治，「以爲欺隱不職者戒」。第三諭，委任奉天將軍福康安爲雲貴總督，顏希深爲雲南巡撫。第四諭，命和珅沒收李侍堯在審辦納樓土司命案時起出的金子六百兩、銀子一千兩。第五諭，嚴厲審訊張永受。

五月初七日，因辦案欽差大臣和珅等奏請對李侍堯擬以「斬監候」，而大學士、九卿改爲「斬立決」，乾隆下諭，命各省督撫各抒己見，定擬具奏。諭旨說：李侍堯歷任封疆，「在總督中最爲出色」，是以簡用爲大學士，深受朕之倚任宏恩。乃彼竟貪黷營私，婪索財物，盈千累萬，甚至將珠子賣與屬員，勒令交銀，復將珠子取回。廠員調回本任，索銀八千餘兩。現在各省督撫之中，像

接替李侍堯為雲貴總督的福康安像

此等勒令屬員買物，短發銀兩者，難保必無，應引以爲鑒。著將處理李侍堯的意見，定擬具題。

此諭之下達及其表述，頗爲不妥。按照通常情形，當大學士九卿複議意見與原奏人的擬議不一致的時候，皇上一般是依大學士之議而定的，爲什麼此諭卻一反常例，再命各省督撫議擬具奏？更爲反常的是，對於犯下斬監候或斬立決的貪官，諭旨一般是痛斥其罪，很少有說犯官是能臣好官的，現在乾隆卻在諭中強調，在各省總督中，李侍堯是「最爲出色」，這又是爲了什麼？說明什麼問題？顯然，乾隆是不想斬殺李侍堯，要免其一死了。

儘管乾隆帝之傾向性已經顯示得清清楚楚，但全國八位總督、十四位巡撫中，絕大多數在遵旨回奏時，都贊同大學士、九卿改定的「斬立決」。原因很簡單，他們與李侍堯皆爲督撫，如果輕擬其罪，恐被別人尤其是皇上認爲他們有心袒護李侍堯，爲自己將來定貪婪處理時打掩護，因而勉強附和大學士的複議。只有安徽巡撫閔鶚元摸準了乾隆帝欲寬

表現雲南少數民族風情的《雲南玀玀圖說》

免的意旨，奏請免李立死：李侍堯貪黷營私，罪無可逭，唯是李歷任封疆，勤幹有爲，「久爲中外推服」，可否援照八議條內議勤議能之文，不予立決，出自聖恩。這一奏，正中乾隆帝之下懷，於是十月初三日正式下達了免予立即斬殺的上諭，改爲斬監候，秋後處決。

乾隆能將李侍堯這樣官居正一品大學士兼從一品總督且襲任伯爵的軍國重臣和八旗貴族給予革職削爵斬監候的處分，也算是按律懲貪了，但監而不斬，且在第二年又委其爲官，當上陝甘總督，則顯係錯誤。這也表明，乾隆雖然仍在懲辦貪官污吏，但老年以後，是很不徹底的。

「捐監冒賑」特大貪案

乾隆四十六年（一七八一年）三月，甘肅河州回民蘇四十三聚眾起義，乾隆帝派御前大臣、領侍衛內大臣、軍機大臣、戶部尚書兼理藩院尚書、都統和珅爲欽差大臣，前往甘肅，偕欽差大臣、大學士、軍機大臣、管理吏部、都統、一等公阿桂率兵征討。和珅於四月中旬到達蘭州後，上疏奏報軍情時，言及進入甘境即遇降雨。十天以後，阿桂到甘肅，帶兵攻打，上疏奏報軍情時，亦屢屢奏稱雨水太多，延滯了用兵。

本來這只是講述軍情時順帶談到天氣，一般君主是不會注意的，更不會以此爲根據聯想到其他問題，可是乾隆這位皇上卻不一樣，他執政多年，閱歷豐富，善於舉一反三，由此及彼，記憶力又特別好。他馬上就聯想到過去甘肅連年奏報乾旱，要求發放銀米賑濟災民，爲什麼現在雨水特多，像阿桂所奏，六月初六日「大雨竟夜，勢甚霶霈，初七初八連綿不止」，立即警覺起來，懷疑陝甘總督、甘肅地方官員有貪婪不法的情形，馬上傳諭阿桂說，「該省向來年年報旱，何以今歲得雨獨多，其中必有捏飾情弊」，命阿桂仔細審察辦理。

乾隆皇帝像

不查則已，一查驚人，竟牽扯出了一樁贓銀千萬兩的「捐監冒賑」特大貪案。原來，七年以前，三十九年四月十八日，乾隆帝下諭，允准陝甘總督勒爾謹在甘肅讓人交納糧食，捐取監生。甘肅「地瘠民貧，戶鮮蓋藏」，時有災荒，若能通過捐監，每人上交糧食幾十石，捐爲監生，籌集到大量糧食，就可在災荒之時，賑濟災民，過去甘肅有過這樣的舊例，這種糧食稱爲「監糧」。乾隆爲此還專門調了「能事之藩司」浙江布政使、署浙江巡撫王亶望擔任甘肅布政使，主持辦理此事。不到三年，就收到「監糧」六百多萬石，約有十五萬名商、民納糧成爲監生。監糧之多，監生之多，不僅在陝甘是空前未有之事，就是在全國，也要算是名列第一。這在地瘠民貧糧食短缺的甘

乾隆朝官員像

肅，三年之內，突然增加了「監糧」六百多萬石，的確是了不起的大事，對甘肅的經濟發展和人民生活的改善將產生巨大的促進作用。要知道，此時甘肅在冊田地只有二十三萬餘頃，徵田賦銀二十八萬餘兩、糧五十二萬餘石，以銀折糧計算，兩項合計才徵糧八九十萬石，現在「監糧」有六七百萬石，超過全省每年額賦七八倍，數目之大，作用之大，可想而知。如果再聯繫到二十多年前平準定回之戰中，從陝西運往甘肅肅州前線兵營之用的軍糧，一石米的腳價需數石米，更可想像出這六七百萬石「監糧」價值的寶貴。主持此事的王亶望也因有此大功，被乾隆帝擢任浙江巡撫。

儘管王亶望等人精心設計，弄出了六七百萬石「監糧」，但遇到了治國有方、經驗豐富、相當英明的皇上，這一特大騙局終於要被戳穿了。

乾隆精明過人，他從雨水之多，便察覺到過去年年報旱，可能有僞，甘肅連年的賑災用穀必有虛飾呑沒情弊。案情果然不出他之所料，欽差大臣阿桂遵旨審查後奏報，

「監糧」未收糧食，而是折收銀兩。

王亶望與現任布政使王廷贊俱對「監糧」徵收折色銀兩之事，進行詭辯，聲稱並無情弊，乾隆予以一一駁斥，明確指出，如此辦事，官府「恐有竟不買補，虛開賑濟」的冒銷情弊。這一正確論斷爲徹底偵破監糧冒賑大案指明了方向，奠定了基礎。

乾隆又根據案情的發展，多次下達上諭，指授機宜，阿桂等大臣認眞查辦，很快就查清了案子實情，於七月初向乾隆帝奏報了王亶望等人將「監糧」折收銀兩、借賑災民全部冒銷的情形。七月三十日，乾隆下諭，對此案作了總結性的概括。諭旨說：甘肅收捐監生，本欲借監糧爲備荒賑恤之用，只令徵收本色糧米，乃王亶望等人公然徵收折色銀子，並虛報災旱，將「監糧」冒銷，上侵國帑，下吸民膏。

從案情來說，乾隆的諭旨和阿桂的奏疏已講得十分清楚，案情並不複雜，也不神秘，而是非常簡單的。王亶望等人，分別收取若干名監生交納的「監糧」之折色銀子，然後每年用因災賑濟的名義，將此銀冒銷，於是「監糧」之銀便全部落入王亶望等官員之手。

紫禁城乾清宮內部

陝甘總督花園（西方人繪）

這個案子雖然並不複雜，但它卻具有五大特點。

其一，案情嚴重，贓銀巨量。王亶望一夥貪官，究竟侵吞了多少銀子，總數雖難確知，但從三個事實可以肯定，數量是十分巨大的。一是甘肅從三十九年四月開捐，到四十二年初，不到三年，甘省官員已借稱乾旱遭災賑濟災民「而開銷監糧至六百餘萬石」，並將舊存常平倉之糧「又銷去一百三十餘萬石」，即約八百餘萬石。二是浙江查抄王亶望家產時，雖然查抄官員差役私自吞沒了不少金銀珠寶，但上報朝廷的數目還是極爲驚人，王之家貲，多達「三百餘萬（兩）之多」。三是甘肅省府州縣官員從「監糧」中貪污之銀，亦多達數百萬兩。可見此案贓銀數量之巨，實爲順治以來第一大案。

其二，全省大小官員通同作弊。以往成百上千件案子，或是單個作案，或係上司夥同三五屬員納賄索財侵吞帑銀，像這次從陝甘總督勒爾謹起，以布政使王亶望爲首，蘭州知府蔣全迪具體主持，「全省大小官員無不染指有罪」，這樣大規模地「上下一氣」的集體作案，一百多年來，還是第一次。八月二十三日，乾隆下諭，批准阿桂奏請將「甘省捏報災賑侵蝕帑項」的各州縣官員革職拿問的建議，計有知府、知州、通判、知縣、同知七十九人，另一道上諭又涉及了二十一人，通計侵盜白銀一千兩以上的省府州縣官員有一百人，確是「全省大小官員無不染指有罪」。

其三，貪婪有術，贓銀累累。除了吞沒「監糧」以外，王亶望等貪官還想了不少法子，大肆盜取國庫帑銀。捐監折收的六百多萬石以上的監糧，雖全係折色銀兩，可是他們卻藉口增糧太多，舊倉不敷裝藏，而呈請添建新倉，先後二十六起，又冒領銀十六萬餘兩。以往賑災時，需將糧食運往適中地方，發給災民，故要開支腳價銀，現在，「監糧」都是銀兩，俱被官員冒領，他們卻仍依舊例，以腳價銀名目支領帑銀，僅王廷贊在任兩年便領腳價銀二萬八千六百九十餘兩，署藩司文德亦領銀一萬七千五百餘兩。王亶望在任內收的「監糧」和用於賑災的「監糧」，數目很大，多達六百餘萬石，所領的腳價銀當然更多。哈密通判經方，最初被參劾侵吞庫銀二萬三千餘兩，接著又被劾虧空銀六萬一千三百餘兩，不久又被參劾虧空庫銀及豆草腳價銀十三萬六千餘兩，如果加上其吞沒監糧

清朝文一品官服補子

銀的數目，這個區區六品的小官，侵吞之銀就多達十五萬兩以上。

其四，官官相護，知而不舉，敷衍塞責。乾隆四十二年，乾隆帝對甘肅捐監之事還有些懷疑，擔心監糧的數字不實在，特派刑部尚書袁守侗、刑部左侍郎阿揚阿前往甘肅，盤查監糧。袁守侗，當過軍機章京，久任吏、戶、禮、刑諸部侍郎、尚書，五次被乾隆帝派爲欽差大臣，出京查辦封疆大吏和高級將領重案，經他查實和參劾，使雲南布政使錢度、雲貴總督彰寶、原定邊副將軍一等侯富德相繼正法或論斬。乾隆派這樣一位辦案能臣和刑部尚書到甘肅，充分表明了他對「監糧」的重視和欲圖弄清事實的決心。不料這位曾五過難關、擅長破案的大司寇，不知是出於什麼考慮，竟未識破這一彌天大謊，將並無一粒在倉的「監糧」，向乾隆帝奏稱「倉糧係屬實貯」，使乾隆帝聽信其言，不再追查。當時陝西的巡撫是畢沅，這位才華出眾的狀元公，這樣一位久任陝甘封疆大吏的老練大臣，竟對該省這一特大貪案「瞻徇畏避」隻字不提，籍隸陝西的科道官員，甚至「內外大臣，皆知而不舉」，以致形成了使皇上「思之極爲寒心」的嚴

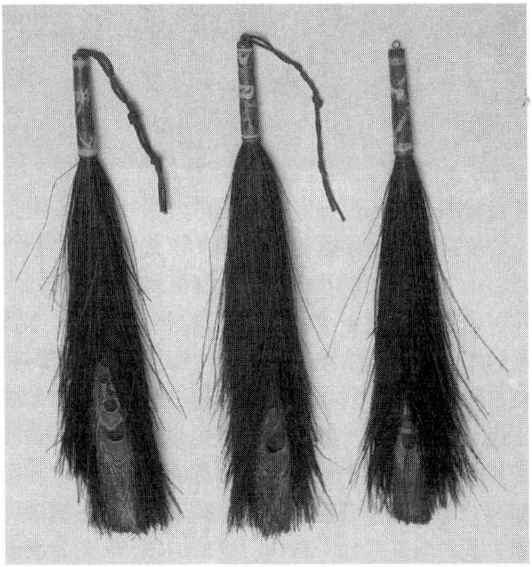

清代單眼、雙眼和三眼孔雀花翎

重的瞻徇顧私官官相護的惡劣局面。

其五，嚴懲不貸，大誅貪官。以往案件，殺人較少，這次卻迥然不同，斬官之多，空前罕有。七月三十日，乾隆下諭，命將王亶望正法，令勒爾謹自盡，王廷贊絞監候。八月十八日，他又下諭，將侵冒帑銀監糧銀二萬兩以上者，立即正法，二萬兩以下者，斬監候。通計到十月，被正法的貪官五十六名，免死發遣的貪官四十六名。一次就斬殺、發遣這樣多貪官，在清朝還是前所未有的。

第二年，四十七年十月二十七日，乾隆帝下達長諭，講述捐監冒賑貪案經過，訓示內外大小官員應以此爲鑒，廉潔守法，否則，「即當按法處治」。

巧御史智破庫銀虧空案

乾隆四十七年（一七八二年）春，御史錢灃上疏彈劾山東巡撫國泰與布政使于易簡說：國泰貪縱營私，勒索屬員，遇有升調，唯視行賄多寡而定，以致歷城等州縣虧空或八九萬兩或六七萬兩之多。布政使于易簡亦縱情攫取賄銀，與國泰相等。

此疏立即震驚朝野，因爲，它直接涉及到一些權臣勢要，甚至與皇上也有牽連。

其一，錢灃參劾的主要貪官國泰是總督文綬之子。文綬歷任員外郎、內閣侍讀、知府、陝甘總督、四川總督，雖因故一度罷官，但隨即復職，在川坐鎮十年之久。國泰仕途順利，初授刑部主事，再升郎中，又擢山東按察使，遷布政使，乾隆四十二年起任山東巡撫。疏中涉及的另一案犯布政使于易簡，亦非寒門細民，其兄于敏中，乾隆三年高中狀元，受到賞識，於二十年擢任兵部侍郎，歷任刑部戶部右侍郎、戶部左侍郎、戶部尚書、協辦大學士、大學士兼軍機大臣，直到四十二年十二月去世。于敏中當了八年戶部尚書、六年大學士、十年軍機大臣，深蒙皇上嘉獎和厚遇，雖已病故，但其門生故舊分任內外要職，仍在政界留下很大影響。因此，要想劾倒國泰、于易簡，困難很多。

其二，國泰有一堅強後臺，即他與和珅關係密切。此時，和珅任軍機大臣、御前大臣、領侍衛內大臣、戶部尚書、內務府總管大臣、步軍統領、都統等要職，其子豐紳殷德爲乾隆帝指婚爲和孝公主的額駙。和珅還多次被乾隆帝委任爲欽差大臣，到地方統軍征戰，查辦要案，其被寵愛超過任何大臣，史稱其「寵任冠朝列」。此次國泰之案，和珅又係欽差大臣，錢灃要想查明眞象，劾治國泰，確是難上加難。

其三，錢灃之疏，與皇上也有涉及。一年多以前，大學士、軍機大臣、一等公阿桂、軍機大臣福長安、和珅密奏，國泰性情乖張，不宜久任山東，請調其至京爲官，消弭其事。乾隆認爲，這不是辦法，命軍機大臣傳諭于易簡來京詢問，了解國泰有無不法之事。于易簡因爲國泰權大勢重，平時就對其巴結逢迎。本來布政使與巡撫官階相同，都是從二品，均是封疆大員，于易簡卻對國泰極

錢澧像

端諂媚，甚至向國泰長跪稟事，這時一見皇上詢問，便極力爲國泰辯白，堅稱國泰沒有貪婪橫行庇護劣臣之事，只是對屬員比較嚴厲。乾隆相信了于易簡的話，兩次下諭說，國泰並無劣跡，只是辦事認眞欲速見效之過，沒有採納阿桂的建議。

這樣一來，錢澧彈劾國泰貪橫，豈非暗示皇上犯了失察之過！

由此可見，御史錢澧之奏，確係冒著很大的風險。幸運的是，乾隆此時還是明智的，還在力圖懲治貪官，並未把言官的劾奏當作有意冒犯龍顏，他立即於四月初四日連下兩諭，委派尚書和珅、左都御史劉墉、工部右侍郎諾穆親爲欽差大臣，前往山東，「秉公據實查辦」。過了兩天，四月初六日，乾隆又對軍機大臣下諭，講了查審國泰一案的方針和辦法。他說，錢澧參國泰、于易簡貪縱營私，致歷城等州縣倉庫虧空。今派和珅等「嚴切查究」。倉庫虧空之事，和珅等逐一對比印冊盤查，自能水落石

「行樂圖」中的乾隆皇帝

出。而索賄行賄之事，就比較難辦，雙方都不願如實呈述，可對各官曉諭，若伊等供出實情，其罪可從輕處理。此諭由六百里加急傳諭和珅等人。

四月初八日，乾隆又諭軍機大臣：原任山東濟南知府呂爾昌，係國泰用的人，推薦其任安徽按察使，必然知道國泰劣跡，著傳旨令呂據實指供國泰、于易簡的貪婪不法，毋許絲毫欺隱，否則重懲。這些安排，爲查處國泰貪案創造了很好的條件。

和珅、劉墉、諾穆親三位欽差大臣及原參人御史錢澧，於四月初四日離京，前往濟南。途中，和珅袒護國泰，威脅錢澧不要認眞查訊，錢澧堅持秉公辦案的立場，不怕恐嚇。和珅便另施詭計，秘密通知國泰，國泰趕忙向商人勒借銀子，存放庫中，湊足了庫銀數量，像歷城縣，本來虧空四萬兩銀，現在便以商銀補充，暫時掩蓋了虧空情形。

和珅一行到達歷城後，就盤查倉庫。和珅命令差役抽視了幾十封銀，數量和冊籍所載相符，和珅便下令返回住處，實即表示已經盤查完畢，沒有虧空。看

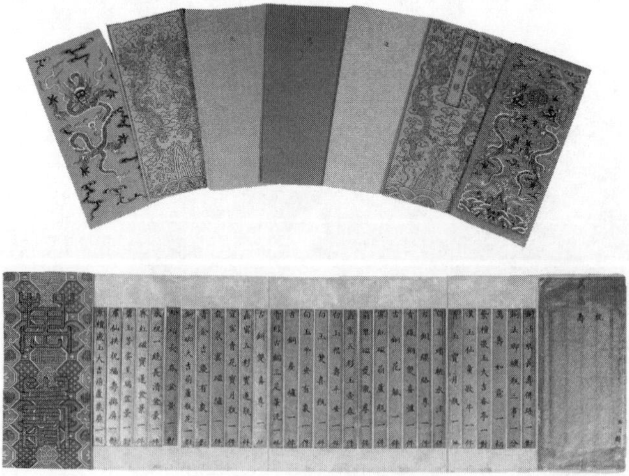

皇帝萬壽時王公大臣的貢單

四品官暖帽

來國泰的貪案可以掩蓋住了，錢灃的參劾，不是被定爲誣告，便是以風聞言事，事出有因，查無實據而結局。就在這個關鍵時刻，錢灃提議將庫封存，和珅同意，封庫之後，一行人員回去了。原來，錢灃在差役們抽銀驗視時，細心觀看，發現驗證的銀子，數量多少不等，銀色也不對，而國家倉庫存放的銀兩，一律是五十兩爲一錠，銀的品質很好，銀色正常，而用來驗證的，是商人的銀子，一錠有多有少，銀色也不正常，心知其中必然有詐，故建議將庫封存。錢灃馬上細心訪問偵察，最後了解到是巡撫勒借商人銀子，冒充官銀，放入庫中。錢灃便派人四處宣告，如果被借銀存入庫中的商人，不將銀數呈告官府，請交歸還，便將其銀沒收。第二天，三位欽差與錢灃一行，再到銀庫，打開庫門，查驗銀的顏色和每錠銀的數量，確實不對，不是帑銀。這時，商人紛紛呈稟銀子被借的緣故和數量，將銀領還，「庫爲之空」，一下子就使歷城縣虧空帑銀四萬兩的眞相，顯露於光天化日之下，和珅這時也毫無辦法，只好據實奏報。

《清史稿》的《錢灃傳》與《國泰傳》載述此事時，認爲此案之能查清，固然是與錢灃的剛正不阿、機警多智有關，但也得力於劉墉的支持，劉墉「持正，以國泰虐其鄉，右灃」。人們都採用了《清史稿》的這種論述。我認爲，劉墉的「持正」、「右灃」，可能是會起一定的作用，但是這不是唯一的作用，甚至不是主要的因素。因爲，它解答不了以下三點疑問。其一，綜觀劉墉一生，雖然歷任學政、知府、按察使、巡撫、左都御史、尚書、協辦大學士、大學士，但並未見其有剛正直諫之譽，也未見其與和珅有過爭執和鬥爭，此時和珅權勢薰天，他敢與和珅對抗嗎？其二，和珅專橫跋扈，對一個沒有後臺、不是皇上寵任大臣的左都御史，是不會放在眼裏的，怎會因有劉墉在場，而同意錢灃的建議，封存庫銀，第二天再盤？這樣做，豈不有損其第一欽差大臣、皇上最寵信的軍國重臣的顏面！其三，錢灃不過是一位官階從五品的區區小官，他雖然可以申請封庫，但和珅完全可以不予理睬。和珅乃堂堂第一欽差大臣，既然差役已抽視了幾十封銀子，數量都沒有問題，他當然可以作結論說，庫銀無誤，沒有虧空，不需封存，不需再盤查。爲什麼和珅沒有這樣做，這與他爲官辦事的一貫作風，是很不相同的。

這些疑問集中到一點，就是和珅何以如此庸庸碌碌聽從錢灃

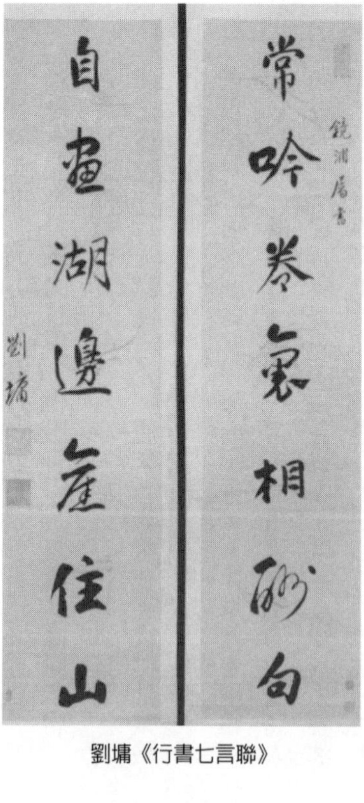

劉墉《行書七言聯》

的安排，而不敢露骨地死保國泰？看看前面提到的乾隆於四月初六、初八日的兩次降諭軍機大臣，便知道此時皇上已相信了錢灃的參劾，已斷定國泰是貪官，並且初六日的諭旨是以每日六百里加急的規定傳送的，在和珅一行盤查庫銀之前，已經送到和珅手裏。這位善於揣摩帝意，無人能比的最佳高手，豈能理會不了皇上的意圖，當然不敢死保國泰了，所以他才聽從錢灃的巧安排，才能據實呈報庫銀虧空情弊。

也就是這位和珅，在盤查歷城庫銀虧空後，便與劉墉、諾穆親抓緊查審國泰貪縱不法案，於四月十三日奏報說：歷城知縣郭德平虧空庫銀四萬兩，有挪移掩飾之弊，國泰承認婪索各位屬員盈千累萬，總計八萬兩，經手人是濟南知府馮埏；于易簡身任布政使，一任縣庫虧空，「扶同弊混」，卑鄙無恥，甚至見巡撫時長跪回話。

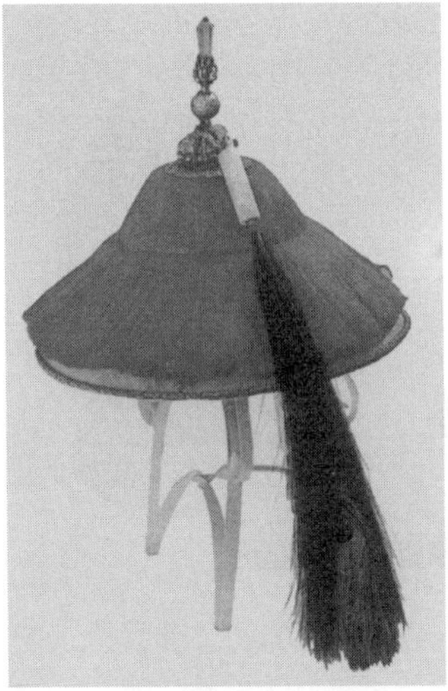
五品官涼帽

乾隆覽奏大怒，於四月十三、十四、十五日連下四道上諭，宣布：國泰處以斬監候，秋後處決；押解于易簡至京面審；革國泰、于易簡、呂爾昌、馮埏、郭德平等人官職。

後來，六月初新任巡撫明興奏稱，通察山東各州縣倉庫，其虧空帑銀二百萬兩，皆國泰、于易簡在任之時的事，已補銀五十餘萬兩，餘下欠銀於明年年底以前補齊。乾隆允准其奏，並宣布，勒令國

清朝官員的帽頂子

泰、于易簡二人於獄中自盡。

乾隆帝處死貪官巡撫國泰及庇護其過的布政使于易簡，是十分正確的，不如此，不足以警示同類犯。但是，對州縣官的處分卻太爲寬縱了。這虧空的二百萬兩銀子，除國泰婪索一二十萬兩外，其餘一百七十餘萬兩銀落入何人之手，爲什麼不徹底追查，按律治罪，而只是命其補足了事？顯然是太姑息了。

鐵學政誓死除貪

乾隆五十一年（一七八六年）四月十二日，乾隆帝弘曆下了一道長達一千二百字的諭旨，褒獎浙江學政竇光鼐據實陳奏浙省倉庫虧缺太多，訓誡前往徹底盤查倉庫的三位欽差大臣不要再「回護瞻徇」，「將就了事」，責令他們認眞清查，「據實嚴參辦理」。

乾隆佛裝像

乾隆這道諭旨的傾向性十分明確，支持竇光鼐的如實反映問題。但是，他萬萬沒有想到此旨給竇光鼐帶來了多麼大的危險，沒有想到專辦查庫的三位欽差大臣竟會違抗聖旨，合夥陷害直言不諱的學政。更加出乎他意料之外的是，這個竇光鼐竟是一位不怕權臣、「不要性命、不欲做官」、堅決把追查貪案進行到底的鐵漢子。

諭旨中講到的浙江省虧空案，是乾隆於四十七年查辦閩浙總督陳輝祖侵吞入官金子時，估計到浙省錢糧可能有積壓虧缺之弊而下諭清查的，當年查出各府州縣倉庫錢糧虧空一百三十餘萬兩。經乾隆帝多次催促，到五十一年二月，巡撫福崧奏稱，已彌補九十六萬餘兩，還虧三十三萬餘兩，請求展限上交。乾隆十分生氣，撤換巡撫、布政使，派曹文埴等三位欽差大臣前往浙江，徹底盤查各府州縣倉庫。四月初，曹文埴等欽差大臣奏稱，經過盤查，浙省倉庫尚虧缺三十餘萬兩，乾隆批駁了他們的結論，令其認眞盤查。現在竇光鼐認爲，僅嘉興、海鹽、平陽三縣虧缺皆逾十萬兩，全省虧缺更多。這樣一來，竇光鼐既得罪了浙江省大多數官員，又惹怒了欽差大臣，怎能不招來橫禍？

五月初，曹文埴奏，浙省倉庫共虧缺銀二十七萬餘兩，實即堅持過去自己的立場，並無徇情袒護之弊，而竇光鼐則奏，僅仙居等七縣，每縣虧缺之數便「多至累萬」，全省更多。雙方意見相反，拉開了查虧空與反查虧空鬥爭的正式帷幕。乾隆看過奏摺後下諭，派大學士、一等公阿桂爲欽差大臣，會同曹文埴等徹底查辦。竇光鼐身爲學政，現科試未完，又是鄉試之年，著竇不必參加倉庫盤查，自行去辦學政考試未考之府的生員。

阿桂到達浙江後，經過一段時間的調查，上了一道偏袒曹文埴、指責竇光鼐的奏摺。乾隆聽信了阿桂的奏述，於六月十三日下諭，對浙省虧空一案作了結論說，浙省只是過去虧空二十七萬餘兩，並無新的虧空，實際是採納了曹文埴等人的結論。

過了十幾天，阿桂、曹文埴等人專門批駁竇光鼐的奏摺送到京師。奏摺說：竇光鼐參奏永嘉、平陽等縣挪移庫銀勒派民財等款，俱經嚴密訪察，並無其事。竇光鼐劾奏平陽知縣黃梅「丁憂演戲」一事，亦不眞實，查係本年正月，黃梅之母九十大壽，在生日演戲，黃母一時痰壅，於演戲之夜猝故。乾隆於七月初三日就此奏下諭，嚴厲斥責竇光鼐誣告黃梅「丁憂演戲」是「污人名節，以無根之談

北京貢院

紫禁城保和殿，這裏是清朝舉行殿試的場所

冒昧陳奏，實屬荒唐」，著予申飭，並據實明白回奏。

這道諭旨已經給案子和竇光鼐定了性，所謂予以申飭和據實明白回奏，就是對竇嚴厲斥責，就是要竇按照諭旨的定調承認自己犯了嚴重錯誤，認錯認罪，請求皇上寬恕，今後再也不做這樣誣陷賢員污人名節的荒唐事了。在當時的條件下，絕大多數官員爲了不再惹怒皇上，一般都是這樣做的，哪怕自己再有理，皇上的定調和斥責再不對，都只能啞吧吃黃連，自認倒楣，做這種違心的罪己之事。可是，竇光鼐不是這樣爲保官職而一味順從的軟弱之輩，他立即上疏，據理力爭，並指責欽差大臣辦事不公。此疏講了六個問題：一是參劾仙居縣知縣徐延翰藉故監禁生員馬賓，因而將其弄死；二是平陽知縣黃梅「母喪演戲」，係全縣生童所言；三是平陽縣的虧空，是因爲黃梅虧空太多，挾制上司，久據美缺，縱令其子派索，濫用民財，抗不補塡虧空，此乃合省共知；四是指責阿桂等欽差大臣議處虧空官員時，未將黃梅從重處理；五是欽差大臣派人前往平陽重審時，被地方官吏蒙蔽；六是自己現在「親赴平陽，查核確實，再行回奏」。儘管聖旨是要竇去復行學政考試生員的職責，不再參與盤查倉庫。

這簡直是公然違抗聖旨，要與皇上打官司，一定要皇上認輸服理了。乾隆覽奏後，大發雷霆，於閏七月初一日下諭，嚴厲斥責竇光鼐狂妄固執，袒護劣衿，誣告黃梅丁憂演戲，是「污人名節，禽獸不如」，將其交部議處。堂堂天朝大皇帝，竟然在諭旨中罵出「禽獸不如」的粗魯之話，可見其氣憤到了何等程度，竇光鼐離鬼門關的距離只有幾丈遠了。

雖然竇光鼐被皇上貶稱為「迂拙」、「拘鈍無能」，即言其遲鈍呆笨，但再呆再笨，他對自己處境的危險也不會不了解。身為首輔、國家之第一軍國重臣的一等誠謀英勇公阿桂，口銜聖命，全權主持浙省倉庫虧空問題的查辦，在曹文埴等欽差、巡撫的慫恿下，堅持沒有新的虧空，指責竇光鼐誣陷黃梅等州縣官員，皇上聽信其言，將竇百般貶駁，不許再涉此案，如果自己還要堅持追查貪官，必然是孤身一人，與欽差大臣、浙省官員對抗，惹怒了皇上，鬧得革職抄家，身敗名裂。怎麼辦？硬頂，死路一條；妥協屈服，非己之願。就在這危險萬分幾乎已經毫無生機的惡劣形勢下，竇光鼐這位鐵學政激發出了極大的智慧，反覆思考之後，抓住了能夠扭轉

大學士阿桂像

北京孔廟進士題名碑

危局、突破重圍、徹底打敗敵人、說服皇上的唯一的關鍵法寶，即星夜飛赴遠離省城一千餘里的平陽縣，發動全縣童生、監生和平民百姓，狠追平陽知縣黃梅的貪婪贓證，並宣稱，爲了追查貪官，可以「不欲做官，不要性命」。

新任巡撫伊齡阿深知此舉的厲害，對此非常惱怒，立即飛章彈劾，聲稱竇光鼐威脅童生、監生、百姓，鎖拿該縣書役，「用刑逼喝」，逼索黃梅材料。乾隆閱疏大怒，連下兩道上諭，嚴厲斥責竇光鼐舉動癲狂，竟係病瘋，煽惑人心，乖張爲亂，不可不嚴懲，僅只是革職，還不足以治其罪，著予革職拿交刑部治罪。竇光鼐便這樣由從二品的吏部侍郎、學政的高官，一下子淪落爲戴上腳鐐手銬裝上囚車押赴京師問罪的囚犯。

這位年近古稀的罪官竇光鼐，雖然對朝廷的不公、昏庸會憤怒不已，但他也有可以安慰的地方，因爲，在這次陷入重圍孤軍奮戰之中，他顯示了驚人的超群才幹。這在三個方面表現得異常突出。一是放棄了全面開花普查全省八十餘府州縣的做法，集中狠抓平陽知縣黃梅的罪證。如果每個州縣都查，沒有欽差、巡撫的支持，查上五年，也查不出什麼名堂，而單查平陽，就能查清問題，以此作爲駁倒阿桂等人所說浙江無弊的結論。二是趕在被革職之前，急赴平陽縣，苦口勸諭生員、童生、平民，計逼書役，搜集到二千多張田單、印票、借票、收帖等確鑿無疑的物證。三是當伊齡阿等官員歡呼將竇革職拿問的諭旨下達的時候，竇光鼐已經早就把奏摺以一日五百里加急的速度發出，附有各種物證，這會使皇上明瞭眞情，改變方針，重審此案。事態果然按照竇的設計，發生了重大變化。

在乾隆帝降旨拿解竇光鼐至京治罪的第三天，五十一年閏七月二十七日，竇光鼐的奏摺送到了。乾隆反覆思考後於當天連下兩道諭旨。第一道諭旨說據竇光鼐奏：親赴平陽，查出黃梅以彌補虧空爲名，計畝派捐，每田一畝，捐大錢五十文。又，每戶給官印田單一張，與徵收錢糧無異。又，採買倉穀，並不給價，勒捐錢文。蒞任八年，侵呑部定穀價銀與勒捐之錢，「計贓不下二十餘萬」。各生監繳出田單、印票、借票、收帖二千餘張，「各檢一紙呈覽」。看來，黃梅之貪婪，確有實據，著阿桂等臣重新審查黃梅案件。第二道諭旨講了六個問題：黃梅罪證確鑿；欽差大臣是

杭州西湖（西方人繪）

杭州放鶴亭

無意失誤，可以原諒；必須徹底查清黃梅貪案；以黃梅八年任期之過爲清查重點；竇光鼐難能可貴；開導首相，論其秉公重審。

這兩道諭旨，把重新審查平陽知縣黃梅貪案的原因、方針及結論講得十分清楚。欽差大臣阿桂等只得改變原意，遵旨重查，很快得出了結論，上奏朝廷。不久，上諭陸續下達，懲治了黃梅，阿桂、曹文埴、伊齡阿等交部議處，竇光鼐調回京師，署理光祿寺卿，不久遷任左都御史。

在審斷此案中，乾隆起初偏信欽差阿桂等人之言，錯誤地斥責竇光鼐，將其革職解京拿問，但在看到票據等物證後，能立即了解眞相，斷定黃梅有罪，贊同竇光鼐主張，改過重審，這樣一百八十度的大轉變，作爲君主來說，是太難得的了，確係罕見。

最大最富的貪官和珅

和珅，原名善寶，字致齋，鈕祜祿氏，滿洲正紅旗人。《清史稿》等書載稱，和珅「少貧無籍」，即貧窮低微，這種說法是錯誤的，與歷史實際相差太遠。

和珅像

和珅的先祖，居住在英額峪，與同一姓氏的清開國元勳私毅公額亦都同居一地。英額峪離清太祖努爾哈赤居住的赫圖阿拉不遠，努爾哈赤起兵以後，和珅的九世祖噶哈察鸞及其子達古山巴顏等弟兄子侄，皆投歸太祖，此後不少人擔任文官武將。和珅的五世祖即高祖父尼雅哈納，行伍出身，在太宗時從征，「過北京，征山東，梯攻河間府，首先登城，克之，賜巴圖魯號，授三等輕車都尉」。輕車都尉是公、侯、伯、子、男這五等封爵之下的世職，相當於官階正三品。尼雅哈納之孫阿哈碩色襲祖世職後，又兼任佐領，並於和通泊征準陣亡，被追贈一雲騎尉（官階正五品）。尼雅哈納的曾孫也就是噶哈察鸞的九世孫常保（和珅的父親），襲曾祖父的三等輕車都尉和阿哈碩色的一雲騎尉世職，並在八旗軍內任職，當上了副都統。副都統，官階正二品，是軍界高級將領，每年俸銀一百五十五兩、米一百五十五石，還有養廉銀五百兩。從和珅的高祖父尼雅哈納起，到父親常保，皆是有世職的官宦之家，尤其是其父是二品大員副都統，怎能說他是出身低微，「家貧無籍」！

和珅生於乾隆十五年（一七五〇年），十多歲後進入皇宮西華門內的咸安宮官學讀書，「少小聞詩達禮」。由於與繼母的關係不好，少年時期他的經濟條件比較差，但是，他十八歲與官階正二品的內務府總管大臣英廉的孫女結婚，二十歲時又襲了高祖父尼雅哈納的三等輕車都尉世職，處境就顯著地好了。因爲，三等輕車都尉的歲俸爲白銀一百六十兩，還有八十石米，比巡撫、布政使的俸銀還多一點。和珅有了這筆可觀的固定收入，就可以安享中等以上的生活水準了。

更爲重要的是，這一世職給和珅帶來政治上的更大好處，爲他提供了一條接近萬歲爺的捷徑，使他於乾隆三十七年，即二十二歲時，當上了官階正五品的三等侍衛，並隨即充任粘杆處侍衛。粘杆處，即尙虞備用處。清朝制度，「選八旗大員子弟之猥捷者爲執事人」，負責皇帝巡狩之時扶輿、擎蓋、罟雀之事。粘杆處三等侍衛經常隨侍皇帝出巡，就有了與皇帝回奏、回答的機會，從而爲和珅的飛黃騰達創造了十分有利條件。史籍載稱，乾隆四十年的一天，和珅隨駕出宮。「上偶於輿中閱邊報，有奏要犯脫逃者，上微怒，誦《論語》『虎兕出於柙』之語」，扈從校尉不知此係何意，和珅卻立即對答說：「爺謂典守者不得辭其責耳。」乾隆聽後很高興，問和珅：「讀過《論語》？」和珅說，讀過。「又問家世、年歲，奏對皆稱旨」。乾隆「見其儀度俊雅，聲音清亮」，「矯捷異常」，十分讚賞，「自是恩禮日隆」。和珅

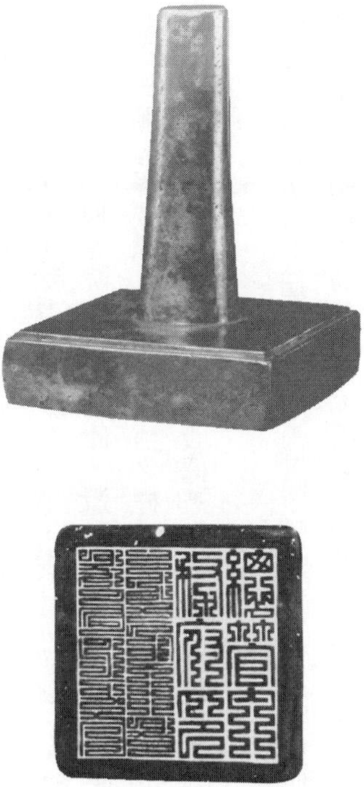

總管內務府銀印

以自己的聰明才智和善於臨機應變，博得了皇上的歡心，青雲直上，立即於閏十月遷乾清門侍衛，十一月升御前侍衛，授正藍旗滿洲都統。此後，他不斷升遷，兼任多職，封一等忠襄公，任首席大學士、領班軍機大臣，兼管吏部、戶部、刑部、理藩院、戶部三庫，還兼任翰林院掌院學士、《四庫全書》總裁官、領侍衛內大臣、步軍統領等等要職，爲皇上寵信之極，官階之高，管事之廣，兼職之多，權勢之大，清朝罕有。他還是皇上的親家翁，其子豐紳殷德被指定爲皇上最寵愛的十公主之額駙。

爲什麼和珅會受到乾隆帝如此特殊寵信和委以大權，成爲主持朝政的宰相？是因爲他滿腹經綸，學富五車，才華橫溢，文武雙全，諸葛孔明再生嗎？不是。不錯，和珅確實精明能幹，敏捷異常，善於臨機應變，文化水準也相當高，記憶力特別好，還精通滿文漢文，會蒙文藏文，有處理政務的一定能力，但離眞正的善理國政的名相和指揮三軍克敵制勝的名帥，還相距甚遠。論才學，和珅僅係一個名落孫山的小小文生，談不上才華橫溢，一代才子。談治政，不管是破除舊的陳規積弊，建立新的重要制度，還是除大奸，薦大賢，他都沒有大的建樹。講武略，他的水準更是低下。和珅與阿桂奉旨統軍征剿甘肅蘇四十三起義，阿桂正在督辦河工，和珅先到軍前，欲於阿桂到來之前撲滅起義，建立

乾隆《薰風琴韻圖》

和珅府花園（今恭王府花園）湖心亭舊址

殊功，分兵四路進擊，卻失敗了，勇將總兵圖欽保陣亡。和珅不僅沒有奏報自己指揮不當以致失利的過錯，還隱瞞了圖欽保捐軀之事，並顛倒是非，彈劾勇將海蘭察、額森特的先戰取勝是導致清軍受挫的原因，遭乾隆帝嚴厲斥責，將其降三級留任。阿桂趕到軍營後，問失利之因，和珅諉過於「將帥傲慢」，不聽調度。阿桂「令將帥於次日晨集轅前」。「每呼一將入，輒命和坐其側」，阿桂「有所調撥，及命屯戍處，其人輒應如響，如是者數，和坐上甚恚憤」。阿桂「問和云，諸將初不見其慢，尚方劍不知誅誰之頭耶」。和珅「戰慄無人色」。阿桂即命和珅離開軍營，回到京師。

和珅既在文治方面無甚建樹，也無武功，資歷又淺，還不是科舉出身，威望自然不高，且在大學士、軍機大臣中，相當長時間僅只名列第三位第四位，同僚阿桂、嵇璜、王傑、福康安等，皆係多年軍國重臣，論軍功、政績、資歷、門第、威望、才幹和人品，哪一位都比和珅強。尤其是阿桂，文武雙全，軍功政績皆有，是當時眾所公認的超出任何大臣的名帥名相，乾隆四十一年起任軍機大臣，四十二年任大學士，在四十六年至嘉慶二年去世之前，連任十六年首席大學士和領班軍機大臣。可是，在乾隆四十六年以後，特別是五十一年以後，在寵任和委以大權上，這四位大學士沒有一位比得上和珅。出現這種特殊局面，完完全全是因爲乾隆中了和珅的圈套，錯愛了和珅。

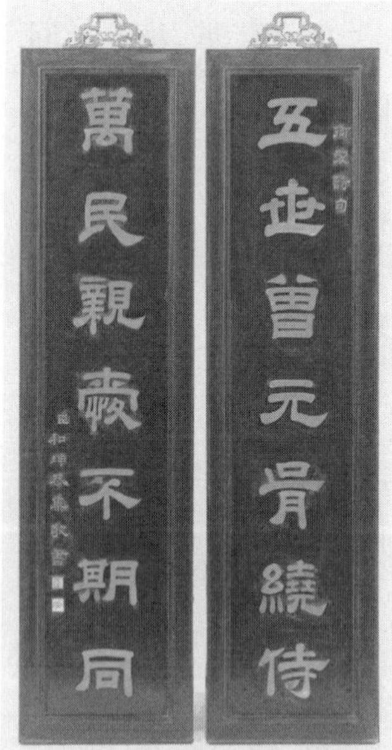

和珅獻給乾隆皇帝的染牙掛屏

和珅雖不會治國統軍，無甚功業，但卻特別擅長於揣摩帝意，迎合君旨，玩弄權術，還會爲皇上聚斂銀錢，供皇上支付各種不便公開動支國庫的費用，故能博取皇上歡心。這在乾隆四十六年廢除「名糧」，增補綠營兵額，給武職養廉銀上，表現得非常清楚。這時，以國庫充盈，下詔要取消武將「名糧」，改爲給與養廉銀，增補綠營兵，每年要增加軍費白銀三百萬兩。乾隆帝詢問阿桂有何意見，阿桂奏稱，費銀太多，不應增補。乾隆不聽其言，下諭說，現在國家「財賦充足」，「戶部庫銀尚存七千餘萬兩」，支付這新增的三百萬兩，綽綽有餘。著大學士會同九卿科道詳議。和珅深知皇上必欲實行此法，故極力贊成。乾隆遂下諭批准大學士九卿等的複議，每年增支軍費銀三百萬兩。

正因爲和珅擅長逢迎，摸透了也迎合了乾隆晚年志得意滿、好大喜功、愛聽諛言、文過飾非、

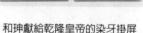

自詡明君的心理，按其旨意辦事，又善於斂財以供皇上享用，所以受到特別寵信，成爲乾隆帝的唯一心腹和代理人。

有了皇上的寵信和庇護，和珅身兼多職，位極人臣，基本上掌握了用人、理財、施刑、「撫夷」等方面大權，他便肆無忌憚地攬權索賄，亂政禍國。

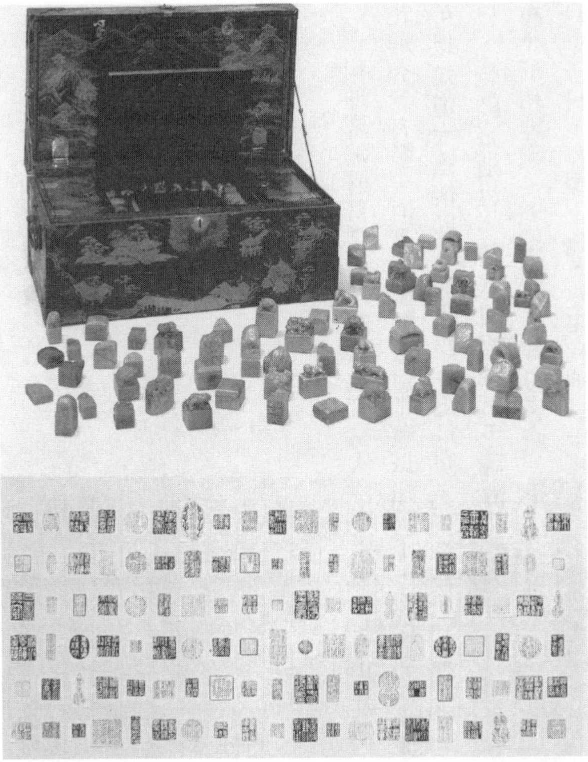

乾隆乾隆八十大壽時，和珅進獻的壽山石「圓音壽耋」套印，共一百二十方

和珅聚斂財富的主要方式是任用官員索取賄賂。內而九卿，外而督撫司道，不向和珅納銀獻寶，不是和珅親友，是很難當上官的，從而形成了「和相專權，補者皆以賄進」，「政以賄成」，禍國殃民的嚴重局面。以乾隆最關心的河工而言，就敗壞得不像個樣子。史稱：「乾隆中，自和相秉政

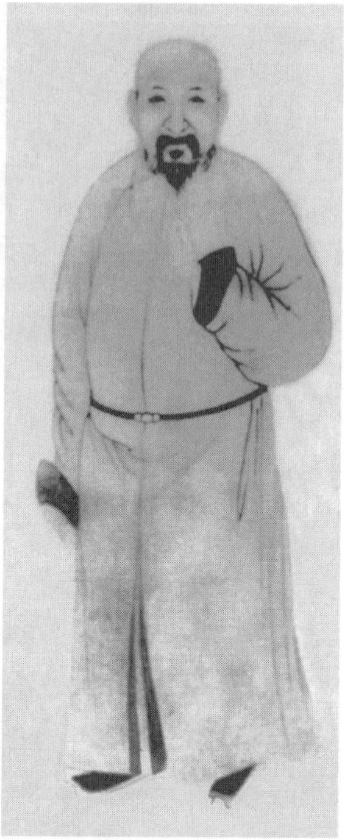

乾隆晚期受到和珅排擠、嘉慶時任尚書房總師傅的董誥

後，河防日見疏懈。其任河帥者，皆出其私門，先以巨萬納其帑庫，然後許之任視事，故皆利水患充斥，藉以侵蝕國帑」，「至竭天下府庫之力，尚不足充其用，……而庚午、辛未高家堰、李家樓諸決口，其患尤倍於昔，良可嗟歎」。

和珅聚斂財富之多，在歷代文武大臣中當首屈一指，他的確是中國古代最大最富的貪官。關於和珅究竟有多少財產，確實數目是難以知曉了，但從他被嘉慶帝親政後勒令自盡和抄沒家產入官，可以知道大概情形。嘉慶四年正月初三日，乾隆帝逝世，初八日嘉慶帝下諭宣布，革和珅職，下獄問罪，抄沒家產。正月十一日，嘉慶下諭，定了和珅二十條大罪，其中講道和珅的財產有：夾牆私庫有金三萬二千餘兩，地窖內埋藏銀三百餘萬兩。另外，檔案記載，和珅還有取租之地一千二百六十餘頃、取租之房一千餘間，

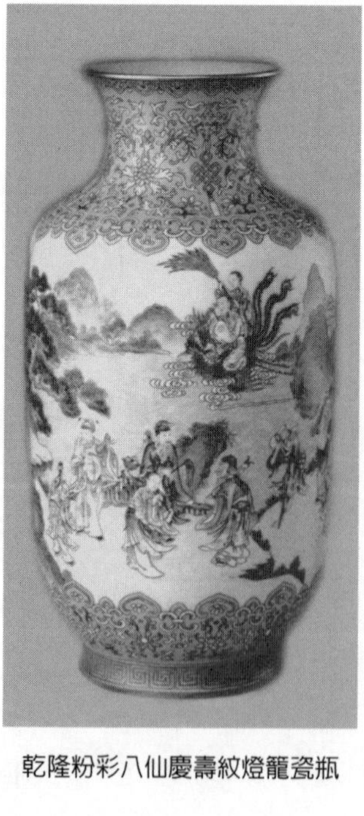

乾隆粉彩八仙慶壽紋燈籠瓷瓶

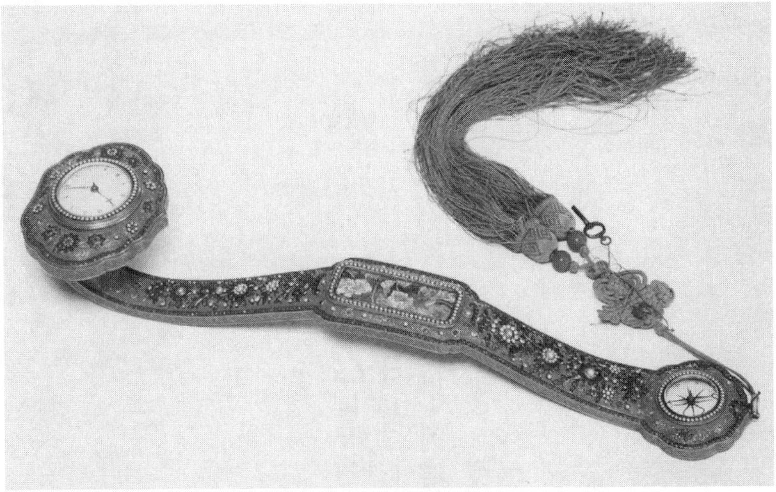

銅鍍金嵌寶石如意表

以及大量珠寶玉器衣服書籍等等，數量之巨大，前所未有。至於私人的筆記和野史，更把抄沒和珅的家產說得多得不得了。有的說，抄沒清單所列一百零六號中的二十五號，即折算成銀二·二億餘兩。有的說，赤金元寶一百個，每個重一千兩，估銀一百五十萬兩，赤金五百八十萬兩，估銀八千七百萬兩，元寶銀九百四十萬兩，白銀五百八十三萬兩，蘇元銀三百一十五萬兩，當鋪七十五座，本銀三千萬兩，玉器庫兩間，估銀七千萬兩，地畝八千餘頃，估銀八百萬兩。和珅確實是中國古代最大最富的貪官。

兩征金川

乾隆皇帝弘曆把他領導進行的十次大的戰爭欽定爲「十全武功」，他自己也取名爲「十全老人」。這十次大的戰爭是：兩征金川，兩征準噶爾，平定回部，征緬甸，攻安南，平定臺灣，兩征廓爾喀。爲敘述方便，以下標題均用乾隆擬定的名稱。

乾隆十二年開始的一征金川，就是「十全武功」的第一「武功」。

金川，地處小金沙江的上游，分爲大金川和小金川，大金川是今日四川的金川縣，小金川是小金縣，離成都有三四百里路。大小金川的土司皆係明朝金川寺演化禪師伊哈拉木的後裔，順治時歸順於清，居民是藏族。川西土司眾多，經常互相擄掠燒殺。乾隆初年大金川土司莎羅奔及其侄郎卡勢力強大，多次率部騷擾鄰近的沃日、革布希咱土司，又以女兒阿扣嫁與小金川土司澤旺，藉以控制其地。乾隆十二年（一七四七年）初，莎羅奔進攻革布希咱和明正土司，擊殺清千總向朝遠，槍傷游擊羅于朝，擾清汛地。乾隆帝弘曆改變了過去聽任各土司自相爭鬥、不予干涉的傳統方式，而於十二年三月中旬三次下諭，宣布用兵金川，剿滅莎羅奔，要使川西這些叛服不常、互相殘殺的土司「弭耳帖服，永爲不侵不叛之臣」，改土歸流，完全聽命於朝廷。

乾隆要想剿滅騷擾鄰近土司、威脅川藏交通的金川，在川西改土歸流，加強中央對川西土司地區的控制，這個設想並不壞，但是問題在於，

清人繪《廣輿勝覽圖》之「大金川人」

此時他還不善於揮軍征戰，既不知彼，又不知己，滿以爲金川乃一偏僻地區的彈丸之地，人少兵寡，只要派遣幾千名綠營官兵，徵調附近土司的士兵，花三兩月的工夫，就可連戰連勝，勢如破竹，直搗巢穴，擒獲渠魁，大功告成了。不料，事與願違，一打就是兩三年，並且還連吃敗仗，差點收拾不了局面。

起初，統軍進攻金川的大帥是川陝總督張廣泗，此人是以平定貴州苗變而平步青雲的，由區區官階從四品的知府，相繼升任按察使、巡撫，直至官階從一品的總督。張廣泗原有漢土官兵一萬九千名，陸續增調官兵，僉派土兵，以五萬漢土官兵數倍於金川人的壓倒優勢，大舉進攻，滿以爲勝券在握。不料，連連失利，一挫於馬邦，數千官兵陣亡，官階從二品的副將張興成了金川人的刀下鬼；再挫於曾達，六七千官兵戰敗撤退，官階正三品的督標游擊孟臣命喪黃泉。

乾隆趕忙把自己精心培養的第一軍國重臣訥親派往前線，經略軍務。訥親乃開國元勳勇將弘毅公額亦都的曾孫，姑姑是康熙帝

清人繪《廣輿勝覽圖》之「大金川人」

之孝昭仁皇后，襲三等果毅公爵，不久晉一等公，歷任兵部尚書、吏部尚書、大學士、軍機大臣，現任首席大學士和領班軍機大臣，是名副其實的處理全國軍政要務的大宰相。乾隆想借訥親位極人臣勢傾朝野的威望及其勤奮敏捷的才幹，來懾服張廣泗，改變低下的士氣，統率全軍奮勇衝殺，早日獲勝。不料，他的如意算盤又落空了。

訥親本來是一位精明能幹頗有見識勤奮辦事的大臣，並且還「清介持躬」，不貪財納賄，不交結權貴，不與官員私交，是位治理國政的能臣，但是他卻不諳用兵，又是貴胄子弟，生活驕慣，怕勞苦，怕受傷，怕戰死。乾隆將這樣一位「素未莅師」的怯懦之臣用爲統帥，棄其所長，用其所短，當然會貽誤軍機，也害了訥親本人。

訥親初到金川，還想有所作爲，嚴厲督令將士進攻，限令三日攻下刮耳崖，結果遭到金川兵英勇反擊，官兵嚴重傷亡，士氣更加低落，他本人也一遇戰鬥，便「避於帳房中」，「人皆笑之」。張廣泗乘機要弄訥親，致「將相不和，士皆解體」，「軍威日損」，署重慶鎮總兵任舉、參將買國良陣亡。有一次，金川三幾十人吶喊來攻，多達三千餘人的官兵竟「聞聲遠遁，自相蹂躪」，氣得乾隆火冒三丈，連聲斥責

為征伐金川練兵而建的北京香山健銳營碉樓

《平定金川戰圖》之「收復小金川」

此事「殊爲駭聽」，「實出情理之外」。

眼見訥親、張廣泗無法取勝，乾隆除了不斷指授機宜，斥責二人庸懦誤軍，後又勒令訥親自盡和誅殺張廣泗外，又於十三年九月、十月連下諭旨，增派京師、東三省、西安、四川滿兵八千名、陝甘雲貴湖南湖北官兵二萬七千名，合共三萬五千名，加上金川軍營現有的將士，共六萬名，運去大批槍炮，並委派愛妻孝賢皇后的親弟弟、大學士、軍機大臣傅恆爲經略，統軍征討金川。同時，他又起用宿將，以因故革職削爵的原寧遠大將軍、三等公、川陝總督岳鍾琪爲提督。

傅恆、岳鍾琪感激聖恩，率軍猛攻，連連取勝，逐漸逼近大金川土司莎羅奔的住碉。莎羅奔見勢不妙，屢次要求降順，「呈獻甘結，遵依六事」。眼看再經過幾次鏖戰，就可大獲全勝了，不料，從十四年正月初二日至二月初十日的近二十道諭旨，傳達了皇上要求經略傅恆停止進攻班師回朝的旨意。促使乾隆帝要這樣做的主要因素有五。一是進攻難以獲勝。他現在才知道，金川氣候惡劣，晴少雨多雪多，地形險峻，戰碉林立，金川兵民誓死防守反擊，

「人心堅固，至死不移，碉盡碎而不去，炮方過而人起」，攻取一碉，往往要傷亡幾十幾百名官兵，進剿很難成功。因此，他說：「從前不知其難，錯誤辦理。今已洞悉實在形勢，定計撤兵。」二是費銀巨大，國力難支。僅軍營將弁士卒役夫十萬餘人食用之米，一年就要五十萬石，這五十萬石米的腳價銀就要九百萬兩，還有其他開支，實在承擔不起。三是疲於供億，民力難堪。四是軍情緊迫，貽誤政務。五是「厚愛經略，慮其遇到意外」。

十四年正月十五日，乾隆正式頒降召經略傅恆回京的詔書，此後一再下諭催促，並諭令各省增派前往金川的官兵尚在中途者，一律返回原地。這樣一來，後無援兵，上有嚴諭督催，傅恆只好放棄必搗巢穴擒獲渠魁的打算了，但他又不甘心於無功班師，便趁莎羅奔請求降順的機會，派岳鍾琪前往勸降。

岳鍾琪帶領隨行人員四五十人抵達勒烏圍，莎羅奔、郎卡叔侄恭敬接待，誠心降

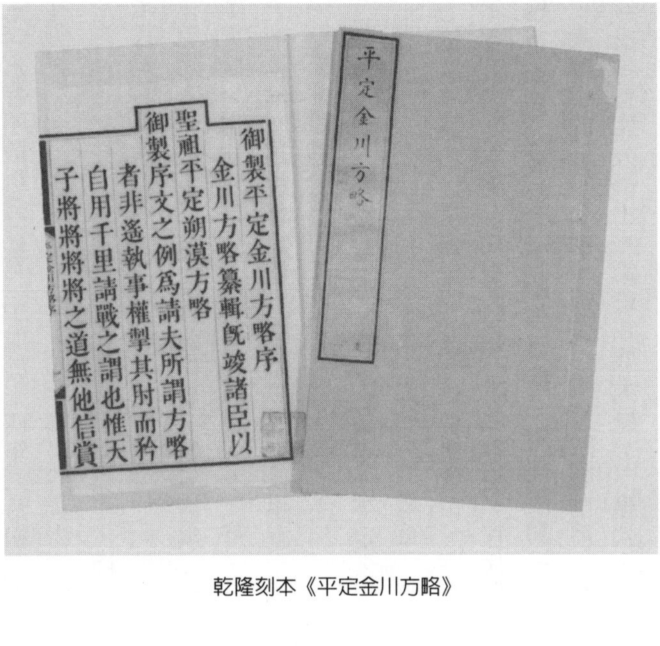

乾隆刻本《平定金川方略》

《平定金川戰圖》冊之「攻克喇穆喇穆山梁及日則丫口」

順，「永誓不敢再有違犯」，並於十四年二月初五日前往大營，向經略求降，傅恆允降，賜其賞物。傅恆立即向皇上呈送告捷露布，日行六七百里，僅僅用了八天的時間，就送到皇上面前。

乾隆大喜，重賞經略及有功人員，對岳鍾琪，加太子太保，復封三等公，授兵部尚書銜。三月十三日，他批准四川總督策楞上奏的金川善後事宜十二條，一征金川就這樣結束了。

乾隆帝及其文武大臣把莎羅奔之降當作平定金川之一大武功，後來還列爲「十全武功」之首。其實，這次「武功」是難以成立的。一征金川，歷時兩年多，調兵六萬，耗銀九百六十餘萬兩，官兵傷亡慘重，民力疲憊。因貽誤軍機，歷任尚書、總督、大學士的一等公國舅爺慶復，被革職削爵，勒令自盡，首席大學士、領班軍機大臣、一等公、經略訥親被削爵問罪，命喪於其祖父遏必隆的寶刀之下，川陝總督張廣泗和署四川提督李質粹被處死，金川土司仍然安居本地，並未改土歸流。可見，一征金川的所謂「武功」，既不威武，也無功可見，不過是進行了一次不該進行的錯誤的戰爭。這場戰爭，由於乾隆的決策有誤，指揮不力，用兵的時間不對，選擇的打擊對象欠妥，較長時間裏任用大帥不當，因此，耗費了巨量銀兩，勞民傷財，敗師殞將，得不償失，實際上是打了一場大敗仗。

乾隆三十六年七月初六日，因實際上掌管小金川土司事務的土舍僧格桑騷擾沃什、瓦寺土司，大金川土司索諾木又佔據了革布希咱土司的官寨，乾隆下諭，遣軍征討小金川，一年以後，又命進剿大金川。二征金川之戰的早期，進展還算勝利。主帥定邊將軍、大學士、軍機大臣、兵部尚書溫福統領陝甘黔蜀等省漢土官兵七萬名，於三十七年十二月佔據僅有「番民」一萬餘人的小金川後，進剿只有「番民」二萬餘人的大金川，遭到大金川人猛烈反擊。三十八年六月初十日，清軍大敗於木果木，主帥、提督、總兵、副將、御前頭等侍衛溫福、董天弼等一百餘人戰

《平定金川戰圖》冊之「攻克噶喇依」

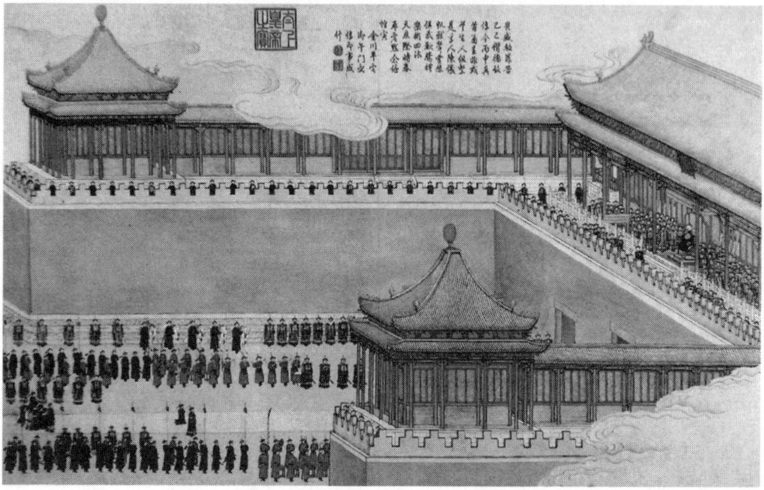

《平定金川戰圖》冊之「午門獻俘」

死，士兵陣亡三千餘人。

乾隆趕忙收拾殘局，任命副將軍阿桂爲定西將軍，增派京師、黑龍江等地滿兵漢兵，加上金川軍營的兵，一共十萬名，趕運槍炮餉銀，繼續征剿。阿桂統軍，經過多次鏖戰，先於三十八年十一月初攻取小金川，後於四十一年二月初四佔據大金川。結束了戰爭，並改土歸流，設官駐兵，開墾屯地。乾隆帝的再征金川，雖然耗銀七千萬兩，用兵五年，雙方將士「番民」死傷衆多，付出了重大代價，但是自此以後，金川及其鄰近地區，皆享寧謐。金川地區屯田發展，人丁日增，到乾隆五十年。金川「屯事日興，荒土盡闢」，墾地十三萬餘畝，「降番」已因「久沐深恩，各安耕作，遇有差遣，莫不奮勉出力，無異內地民人」，而「改土爲屯，除去降番名目」。這對金川及其鄰近地區藏漢人民的安定生活及經濟發展與交流，均起到了較好的作用。

兩征準噶爾

乾隆十八年（一七五三年）十月，清定邊左副將軍、蒙古喀爾喀和碩親王成袞札布奏報：厄魯特蒙古杜爾伯特部的大台吉車凌、車凌烏巴什、車凌孟克（通稱三車凌），遣使呈稱，準噶爾部內亂，征戰不停，要求歸順。爲防其僞降滋事，已調兵防範。乾隆當機立斷，認爲三車凌是眞心歸順，諭命厚待。

隨後，三車凌率部眾三千餘戶一萬餘人入邊。乾隆諭命妥善安排，賞賜大量銀米牛羊，編立旗分佐領，分別封三車凌爲親王、郡王、貝勒。

乾隆的厚待「三車凌」，是因爲他探悉準噶爾內亂不已，「篡奪相仍，人心離散，實有可乘之機」，是征討準噶爾部的最好時機。他將用兵準部的事告訴滿洲王公大臣，不料，除首輔一等公傅恆贊同此議外，其他王公大臣「盡畏怯退縮恐生事端」，反對遠征。乾隆十分生氣，特地於十九年十月下諭，痛斥這批庸臣，堅決主張進取準部，並宣布將於明年即二十年出征，調兵五萬，其中滿兵、索倫兵、蒙古兵共三萬七千名，綠旗兵一萬一千名，三車凌的蒙古兵二千名。

清人繪《西域總圖》

這時傳來了輝特部首領阿睦爾撒納偕同母之兄和碩特部首領班珠爾及自己的妻弟杜爾伯特首領納默庫，因與準噶爾新汗達瓦齊征戰失敗，率三部二萬餘人來降。乾隆大喜，厚賞三位台吉，封阿睦爾撒納爲親王、定邊左副將軍，封班珠爾、納默庫爲郡王、參贊大臣，並改變了兵力部署和出發的時間。決定實行「以準攻準」的方針，兵分兩路，北路任定北將軍、兵部尚書班第爲主帥，阿睦爾撒納爲副將軍，西路任定西將軍、陝甘總督永常爲主帥，早已來降被封授子爵、參贊大臣、領侍衛內大臣的原準噶爾部宰桑薩喇爾任定邊右副將軍，班珠爾、納默庫、三車凌任參贊大臣。兩路皆派「前鋒」（亦稱哨探兵）先行，主要是來降的厄魯特蒙古，由阿睦爾撒納與薩喇爾分別率領，班第、永常這兩位主帥各帶少數官兵，距「前鋒」十日路程逐漸前行。

兩路大軍於二十年二月出發，因達瓦齊「終日飲酒，事事皆廢」，又征戰不已，連連失敗，屬人無不怨恨，爭向清軍降順，清軍「師行數千里，無一人抗顏行者」，五月初二日即進入伊犁，十三日擒獲達瓦齊，一征準噶爾順利結束。

乾隆大喜，封賞功臣，賜阿睦爾撒納與車凌親王雙俸（一般稱雙親王），班珠爾、納默庫、車凌烏巴什晉親王，班第、薩喇爾晉一等公。乾隆並曾於出征之前，諭告軍機大臣，在平準之後，將厄魯特四部分封四汗，俾各管其屬，擬封車凌爲杜爾伯特汗，阿睦爾撒納爲輝特汗，班珠爾爲和碩特汗，噶勒藏多爾濟爲綽羅斯汗（即準

《皇清職貢圖》之「厄魯特人」

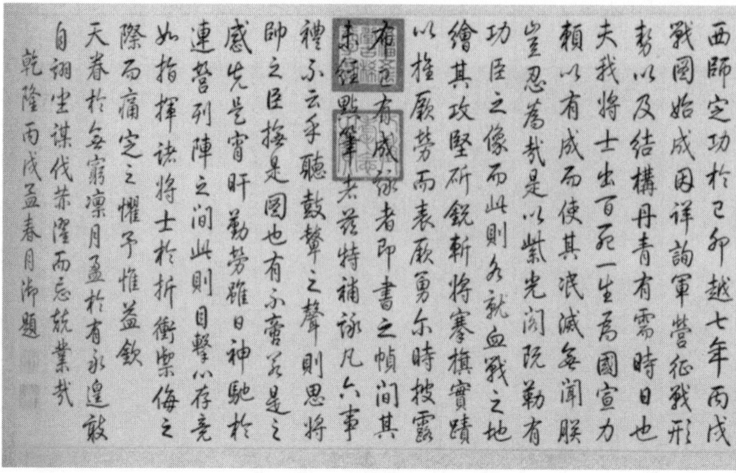
西師定功於己卯越七年丙戌戰圖始成因詳詢軍營征戰形勢以及結構丹青有需時日也夫我將士出百死一生為國宣力賴以有成而使其泯滅無聞朕豈忍為哉是以紫光閣既勒有功臣之像而此則各就血戰之地繪其攻堅斫銳斬將搴旗實蹟以推厥勞而表厥勇尔時披露有成詠者即書之幀間其未經點筆者茲特補詠凡六事禮不云乎聽鼓鼙之聲則思將帥之臣據是圖也有不啻若是之感先是宵旰勤勞雖日神馳於連營列陣之間此則目擊以存竟如指揮諸將士於折衝禦侮之際而痛定之懼予惟益欽天眷於無窮凜月盈於有永遑敢自詡出謀伐茶澄而忘統業哉
乾隆丙戌孟春月御題

《平定伊犁回部戰圖》序

噶爾汗）。

正當朝野上下歡慶勝利之際，實然北方再起烽火，阿睦爾撒納叛亂，清軍主帥定北將軍班第命喪烏蘭固圖勒。

原來，阿睦爾撒納一直懷有爭奪厄魯特蒙古四部總汗即準噶爾汗的野心。他本想打敗達瓦齊，奪取準噶爾新汗寶座，不料被達瓦齊遣軍擊敗，無處藏身，只好率部歸順天朝，再伺機奪權。他竭力獻計獻策博得了乾隆帝歡心和寵任以後，便在征準之時及取伊犁以後，利用身爲副將軍率軍前行的權力，急劇擴張個人勢力。他搶掠各部人口，收納降人，屬人迅速增加。十九年七月三部進入邊卡時，他和班珠爾、納默庫統領的部眾才四千戶，而進軍以後，短短幾個月的時間，

準噶爾部首領達瓦齊像

他自己的屬人就增加到五千餘戶。他大量劫奪財畜，僅從達瓦齊的游牧就掠取馬、駝各一千餘匹（頭）、羊二萬餘隻。他誣衊和碩特部大台吉沙克都爾曼濟叛逆，實即欲圖排斥異己，兼併鄰部，徹底掃除完全統治和碩特部的障礙。

阿睦爾撒納竭力提高自己的威信，擴大個人勢力，貶低大皇帝和清軍的作用。他宣揚自己軍功卓著，攻下伊犁，檄令回部霍集斯伯克擒送達瓦齊，皆賴其力，並一再「妄自誇張，謂來歸之眾，俱係向伊投誠」。他不穿清朝官服，不佩御賜黃帶翎頂，不用清朝副將軍印，而私用達瓦齊所用的「渾台吉」菊形小紅印章，移檄各部落，隱瞞降清之事，「不將已經內附受恩之處告訴厄魯特人眾」，而「以總汗自處」，「言統領滿、漢、蒙古兵來此地」。他「擅誅殺擄掠」，殘酷虐待不聽命於己的「宰桑等大員，抄沒家產」，「凡有仇隙者，任意殺害」。他排斥主帥定北將軍班第，不讓班第知道，便藉口防禦哈薩克、布魯特，「私用圖記，調兵九千」。在與鄰部交往中，他也諱言投降清朝政府蒙受厚恩爲帝臣僚之事，而以厄魯特四部總汗自

乾隆《萬樹園賜宴圖》

居，僅說是「借兵報仇」，「總統準部」。

經過幾個月緊張活動，阿睦爾撒納的軍事力量大為增強，網羅了一批黨羽，又得到伊犁喇嘛的大力支持，便於二十年五月，秘密會見清定北將軍班第，提出不能用噶勒藏多爾濟為綽羅斯汗，要在噶爾丹策零的親戚中，不論何姓，「擇眾心悅服，能禦哈薩克、布魯特者，公同保奏，俾領其部」，實即表示，要立他為綽羅斯汗。班第知道皇上已經決定，廢除厄魯特四部總汗，四部各封一汗，轄領屬人，便明白無誤地回答說：遵奉聖旨，四部各封一汗，令其自行管轄，不得選外姓之人為汗。阿睦爾撒納雖然碰了一個大釘子，但仍不甘心，又說四部必須有一「總統之人」，才能外禦諸敵。

班第將此次談話內容，緊急奏報朝廷。乾隆立即諭告軍機大臣，絕不允許阿睦爾撒納當上四部總汗。

班第與參贊大臣、三等伯鄂容安發現阿睦爾撒納叛跡日顯，多次奏請皇上捕治阿逆。乾隆經過長時間考慮，最後採納了二人意見，命待其來承德朝覲之時，將其擒捕，但已經晚了。二十年八月十九日，阿睦爾撒納行至烏隆古河時，擺脫率他朝覲的喀爾喀親王額駙額琳沁多爾濟的控制，率眾潛逃，號召四部人員叛

《皇清職貢圖》之「伊犁等處台吉」

《平定伊犁回部戰圖》冊之「格登鄂拉斫營」

亂，襲擊清軍。

此時厄魯特四部的大部分台吉、宰桑還是擁護清朝的，阿睦爾撒納擁眾不過二千餘人，其游牧已被清軍包圍和降服，其妻、子、女及同母之兄班珠爾，亦被清軍擒獲押往北京，照說清軍主帥班第是可以對付叛軍的。然而，由於乾隆的決策失誤，在四部歸順之時，即下諭撤回大軍，不在伊犁駐兵，只給大帥班第留下察哈爾兵三百名、喀爾喀兵二百名，這樣少得可憐的部隊，哪能抵擋得住二三十倍於己的叛軍進攻？八月二十九日，班第、鄂容安被圍自盡。

乾隆聞訊，雖然十分悲傷，還有些內疚，認爲是自己低估了敵情，過早撤軍，使班第無力抵擋叛軍，但他並不氣餒，堅決要平定叛亂，嚴厲斥責當初反對用兵現因叛亂又起「疑議」的王公大臣，立即調兵遣將，向叛軍進攻。

儘管此時厄魯特四部四分五裂，各部眞正順從阿睦爾撒納的台吉、宰桑並不多，清軍如果征撫得法，是可以很快平定叛亂的，但是，由於乾隆的指揮欠

《平定伊犁回部戰圖》冊之「伊犁受降圖」

妥，繼續實行「以準攻準」政策，從征的準部人員遠遠超過清朝的官兵，並且，委任的幾位大帥又軟弱無能，懼敵怯戰，遭到厄魯特四部台吉的輕視，以致錯過了良好戰機，戰局不利，綽羅斯汗噶勒藏多爾濟、輝特汗巴雅爾、輝特部大台吉車布登多爾濟、和碩特汗之弟明噶特等等台吉宰桑相繼反叛，四部大亂，阿睦爾撒納會集一起新叛變的台吉、宰桑，自立爲總台吉。

乾隆面對厄魯特四部再生大亂的嚴重局面，鎮靜自若，決心繼續征剿。他採取了五大措施：一是重申一定要用兵準部，批駁短見無識之人妄生反對之議；二是反覆強調必須擒獲阿睦爾撒納，不達目的，絕不甘休；三是放棄「以準攻準」舊策，增派兵將，主要依靠清軍；四是取消舊規，改行新制，不在準部地區實行總汗和四汗統治屬人的舊制，而是編立盟旗佐領，設立府廳州縣，任用官員，駐兵屯戍，將其地直接隸屬於朝廷轄治之下；五是委任得力將帥，嚴厲懲治貽誤軍機的庸帥劣將。定西將軍策楞、永常、達爾黨阿，定邊左副將軍哈達哈等人，相繼被革職治罪，擢用侍郎兆惠爲定邊右副將軍。

由於乾隆調度有方，賞罰嚴明，將帥士卒奮勇向前，軍威遠揚，厄魯特四部台吉、宰桑又互相殘殺，清軍進展迅速，連戰連勝，叛亂台吉、宰桑巴雅爾等人或死或俘。阿睦爾撒納計窮力竭，黨羽星散，二十二年六月逃入俄羅斯，八月病死。到二十四年，叛賊餘部盡行消滅，第二次征討準噶爾的戰爭勝利結束。

乾隆三十六年，厄魯特蒙古的土爾扈特部渥巴錫汗率部民十餘萬人離開俄國，長途跋涉，歷盡艱辛，歸回祖國。乾隆大喜，厚加封賞，封渥巴錫爲卓哩克圖汗，其他台吉分別封爲親王、郡王、貝勒、貝子，按喀爾喀四部之例編立旗盟。「於是四喀爾喀與四瓦喇（即厄魯特四部）部眾皆撫而有之，疆域幾埒元代矣」。

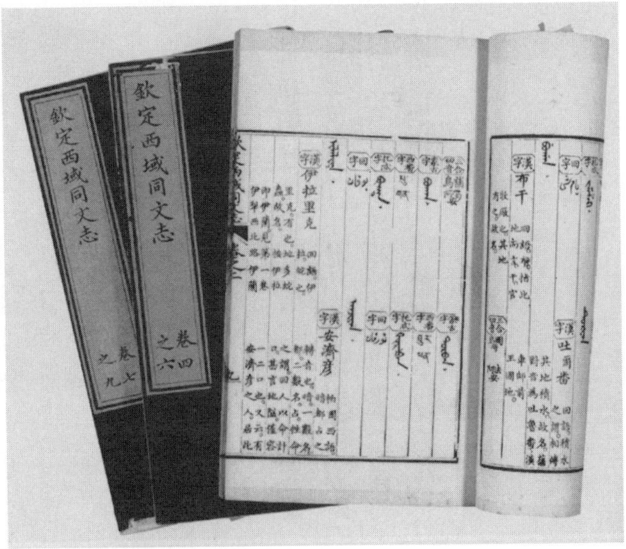

乾隆《欽定西域同文志》

統一回疆

回疆，又稱回部，指的是唐朝以來天山以南「回人」（維吾爾族）居住的地區，長期遭受蒙古汗王統治。準噶爾汗策妄阿喇布坦拘禁回部教主瑪罕木特及其長子布拉呢敦、次子霍集佔爲人質，令其率領數千回人在伊犁墾地輸賦，並曾將大和卓布拉呢敦、小和卓霍集佔囚於地牢數年。

乾隆二十年（一七五五年）四月，清軍擊敗了準噶爾新汗達瓦齊，大小和卓乘機擺脫蒙古統治，率屬人三十餘戶向清軍投誠。乾隆帝命派兵將大和卓送回葉爾羌，「使統其舊部」，留小和卓於伊犁，「掌回務」。

《皇清職貢圖》之「安集延回目」

乾隆二十一年秋，清定邊右副將軍兆惠派副都統阿敏道率索倫兵一百名，厄魯特兵二千名，前往回部，察看動靜和招撫，如果回城無事，即招撫回人，查明回人應該繳納貢賦的數目，令其交納，其應赴伊犁種地的回人，各必於十二月攜帶牛具，來到指定地方。乾隆帝對兆惠的布署感到滿意，批示說，「即照所奏辦理」。

大和卓布拉呢敦願意接受清政府的招撫，說：我家三世爲準夷拘禁，今蒙天朝釋歸，此恩不可忘，「欲集所部聽天朝指揮，受約束」。小和卓霍集佔堅決反對，認爲趁清軍正在征剿準噶爾降而復叛的台吉、宰桑，來不了回疆，且即使來征，我守險相拒，清軍糧餉不夠，只有退兵。在小和卓的煽動下，大和卓及部分和卓、伯克決定叛清，自立爲國。霍集佔還「集其伯克、阿渾等，自立爲

《皇清職貢圖》之「拔達山回目」

巴圖爾汗，傳檄各城愛曼，集士馬糗糧器械以待」，並於二十二年五月殺害前來招撫的清副都統阿敏道，公開叛清。

乾隆聞訊後決定征剿大小和卓，但因正值剿滅準部叛酋緊張時刻，難以抽兵，只好往後推遲。到二十三年正月，厄魯特之亂基本上平定下去，阿睦爾撒納已經死去，乾隆帝遂於正月二十六日下諭，向各回城宣諭「回酋霍集佔罪狀」，主要講了四點：一是君臣之分。大小和卓之所以能夠出牢和爲「回人頭目」，全是出於清帝的賜與，二人是清帝之臣，回疆歸隸於清帝。二是用兵之由。大小和卓不該忘掉清帝的大恩，殺害阿敏道，如不將其擒拿，「則回眾終不得安生」，故發大軍征討。三是專擒逆酋。只針對小和卓霍集佔，連其兄長大和卓，也念其係「被迫從行」，而予以開恩，廣大回人只要能將霍集佔捕捉獻送，亦不加罪，可以「安居如舊」。四是拒撫即予剿除。如果回人執迷不悟，抗拒不降，則大兵一到，「即不分善惡，悉行剿除」。

乾隆堅決主張統一回部、專剿首逆、招撫多數的方針，爲進軍的勝利奠定了基礎。但是，他在任用統帥上犯了大錯誤，不該委任雅爾哈善爲靖逆將軍。此人是覺羅子弟，雖然歷任知府、巡撫、侍郎、辦事大臣、參贊大臣、兵部尚書，但沒有大的建樹，並且還施用詭計，殺了眞心順清反對阿睦爾撒納叛亂的和碩特汗沙克都爾曼濟及其屬人四千餘名，誣稱此汗謀叛，從而矇騙了皇上，封爲一等伯，擢升靖逆將軍，榮任征回統帥。這樣一個膽怯畏敵、假冒軍功、不諳兵法的劣臣，竟然當上了統率三軍的主帥，怎能不貽誤軍機？

雅爾哈善率領滿漢官兵八九千人，在二十三年五月包圍了庫車城，小和卓霍集佔與兄長率最精銳的巴拉烏槍兵八千名來援，被清兵打敗後，領殘兵八百人敗入城中。這本來是殲滅逆酋的最好機會，可是雅爾哈善這個昏庸主帥，既不諳兵法，又擺大帥威風，剛愎自用，不聽諸將建言，還自命儒將，「終日棋弈」，飲酒作樂，不巡營壘，防備鬆弛，致被大小和卓乘夜逃出圍城，使戰爭足足延長了一年多。

乾隆聞訊大怒，將雅爾哈善革職削爵，解京正法，隨即委任定邊將軍兆惠爲主帥，富德、阿里袞、舒赫德爲參贊大臣。兆惠雖然多年擔任軍機處筆帖式、侍郎等

《平定伊犁回部戰圖》冊之「郊勞將士」

文職工作，但英勇無畏，當阿睦爾撒納叛亂時，他率兵兩千，從伊犁撤退，沿途被各部叛亂台吉、宰桑數倍於己的亂軍圍攻，邊戰邊走，連遇大戰，一戰於鄂壘，再戰於庫圖齊，三戰於達哈齊，前後擊殺敵軍數千，二十二年正月退至烏魯木齊時，噶勒藏多爾濟等幾大叛酋俱至，重重包圍，「日數十戰」，兆惠率領將士，「無不以一當百」，拼命苦戰，終於突圍，回到巴里坤軍營。富德，行伍出身，軍功累累。阿里袞、舒赫德也有勇有謀。這樣將帥指揮的軍隊，照說應該是捷報頻傳，早日凱旋了。可惜的是，他們被束縛了手腳，受到了很大限制，不能盡其所長，以致不僅不能速奏凱歌，而且還差點全軍覆沒。束縛他們手腳，造成這樣危險局面的，不是別人，而是世稱英君的乾隆皇帝。

乾隆在兩個問題上犯了嚴重錯誤：一是過分輕敵，二是急於求成，冒險用兵。他起初認爲，回人怯懦，只消派兵二千名，加上屯田兵三千名應援，就可迅速剿平回部。因此，他一再要求兆惠務必於近期擒獲大小和卓，平定回疆。兆惠等人在皇上嚴厲督責下，當然要加

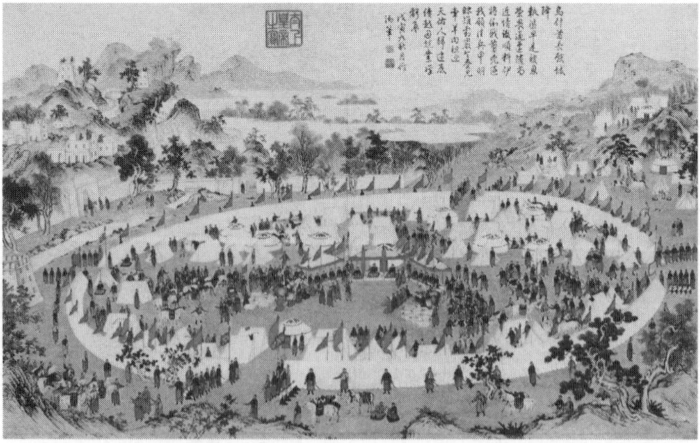

《平定伊犁回部戰圖》冊之「烏什酋長獻城投降」

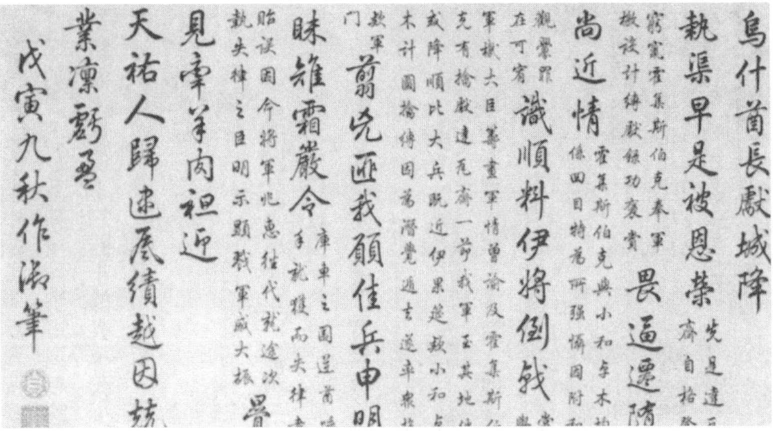

乾隆御筆《烏什酋長獻城降詩》

速進軍，就無法冷靜估計形勢，被迫走上了冒險僥倖的道路。二十三年八月初，收到皇上命其前往庫車的諭旨後，兆惠即領兵八百名出發。在回疆多數城莊「從逆」，「回戶數十萬」附和兩和卓作亂之時，身爲堂堂天朝大將軍的兆惠，僅僅帶兵八百名就從伊犁出發，前往庫車，行程上千里，可說是太危險了。到烏什後，集合各處趕來的軍隊，兆惠領兵四千餘名，穿越戈壁，行走一千五百里，只剩下馬一千餘匹，於十月初三日趕到距葉爾羌城四十里的輝齊阿里克，人馬皆乏。

葉爾羌是回疆大城，此城及其所屬二十七城村，有三萬戶十餘萬人。城很大，很堅固，周長十餘里，四面共有十二個城門，城內有小和卓的馬兵五千餘人，還有

一等武毅謀勇公兆惠像

很多步兵。大和卓領馬步兵一萬餘人駐當噶勒齊，互爲犄角。清軍只有經過長途跋涉人馬俱乏的四千餘人，人少，不能包圍全城，只能圍城的一面。清軍紮營於黑水河的岸邊。

兆惠於十月十三日親領騎兵一千餘人攻城，遭回兵兩萬圍攻，苦戰一天，撤回兵營，兆惠負傷，勇將總兵高天喜等將士數百人戰死，受傷者無數。回兵數萬將清軍疲卒傷兵三千餘人重重包圍，輪番進攻。乾隆聞訊大驚，緊張思考後，接連下諭，派軍援救。他採取了六大措施：一是引咎自責，將失利的主要原因歸諸於自己的輕敵冒進，不諉過於將帥；二是駁斥阻礙用兵的「浮論」，曉示中外，堅持進兵；三是大量增派援兵，趕運槍炮，八天之內增兵一萬餘名；四是重賞有功官員兵丁，晉封一等伯兆惠爲一等公，封富德爲一等伯；五是作好長期大舉征剿的充分準備，又增兵一萬，運去馬牛羊三十餘萬匹（隻、頭），增鑄大炮；六是重用回城伯克和卓參加征戰，額敏和卓賞給郡王品級，霍集斯伯克晉貝子，加貝勒品級，這一切，保證了回疆的迅速

表現乾隆款待土爾扈特人場面的《萬法歸一圖》

平定。

兆惠等人苦戰日久，糧盡彈絕，眼看就要全軍覆沒之際，富德等援兵於二十四年正月十四日趕到，大敗回兵，兩軍會合，長達三個月之久的黑水營之圍，終於解除了。兆惠領軍返回阿克蘇休整。

經過充分準備，到二十四年五月，大軍二萬，馬三萬匹，駝一萬頭，以及大量牛羊糧食，皆集於阿克蘇。六月初二和十一日，兵分兩路，定邊將軍兆惠和定邊右副將軍富德各自率軍，分別進攻葉爾羌和喀什噶爾。大小和卓知道難以抵擋，率部逃走，葉爾羌、喀什噶爾及附近回城回莊熱情歸順。

富德、明瑞（一等公）奉旨領兵急追大小和卓，六月下旬一戰於霍斯庫魯克嶺，明瑞率兵九百名，猛攻負隅固守的小和卓六千餘人，大敗回軍，七月初七日二戰於阿爾楚山，再敗上萬回兵，七月初十日三戰於葉什勒庫勒諾爾，徹底消滅回軍，收穫降人一萬二千餘名，大小和卓僅帶家眷和舊部四五百人逃往巴達克山。不久，巴達克山部部長素勒沙坦遵奉清將軍檄諭，擊斃霍集佔，生擒大和卓布拉呢敦，向清帝

乾隆《御制平定準噶爾告成太學碑文》青玉冊

投誠，持續兩年多的大小和卓之亂就此結束，回疆統一於清朝。「十全武功」的第四功勝利結束了。

乾隆帝於二十四年十月二十四日和十一月初五日，分別頒《御制開惑論》和《御制平定回部告成太學碑文》，講述了用兵準部、回疆的原因、爭議、效果及其基本過程，強調指出：「兩大部落，不爲不強，周二萬里，不爲不廣，五年成功，不爲不速。」此後，他委派能臣，大力進行建設西北的宏偉事業，主要做了四個方面的事情。其一，設官建置。設伊犁將軍，總管全疆軍政財經等等一切事務。下設都統、副都統、參贊大臣、辦事大臣、領隊大臣，分駐各城。回疆則沿其官名舊制，設阿奇木伯克（總管）、伊什罕伯克（協理）等官「理回務」，皆聽命於本城辦事大臣。其二，築城駐兵，相繼築了惠遠等近二十座城，派滿兵、綠營兵、錫伯兵二萬餘名屯駐。其三，屯田移民。其四，輕徭薄賦，大量減少回城租賦，喀什噶爾城原向準噶爾汗交錢六萬七千騰格，現只交六七千騰格。這一切對促進準部、回部地區的發展起了積極作用。

征緬甸

中國雲南省的大理、麗江、永昌、騰越、順寧、普洱、元江等府州縣，延袤數千里，皆與緬甸接界，長期以來，雙方人民通商往來，關係密切。乾隆十六年（一七五一年），由雲南大礦商吳尚賢盡力撮合，乾隆接受了緬甸使臣的朝貢，使由於明亡清興而斷絕了一百多年的緬中朝貢關係得到了恢復。

《皇清職貢圖》之「緬甸人」

緬甸內亂，木梳部長懵駁統一各部，自立爲緬甸國王後，多次向歸附於清的內地土司耿馬、十三猛等索要貢賦，遣兵燒殺襲掠，鬧得雲南邊境不得安寧。雲貴總督劉藻遣兵抵御失敗，遭皇上嚴厲斥責和革職，畏罪自盡。繼任總督、大學士楊應琚，錯誤估計了形勢，認爲緬人「易於摧殄」，妄想建立大功，將木邦、猛密、猛養等大批土司併入版圖，連上三疏，力主征緬。乾隆帝受其蠱惑，於三十一年九月批准了楊應琚的建議，開始了第一次征緬之戰。

楊應琚調兵遣將，與緬甸交戰，連戰連敗。他不僅不如實奏報軍情，反而於三十一年十二月底和三十二年正月初，連上兩疏，僞報戰功，聲稱屢戰屢勝，斬敵萬人，並要求停戰收兵，允許緬王投降。乾隆帝仔細思考後，識破了楊的謊言，於三十二年正月初十日至三月二十九日的兩個半月裏，連續頒降二十五道諭旨，集中講了三個問題：一是楊應琚貪功開釁，使帝誤信其言；二是痛斥庸督飾敗爲勝，膽怯畏敵，予以嚴懲，將楊革職問罪，勒令自盡；三是擢伊犁將軍、一等承恩毅勇公明瑞爲雲貴總督兼兵部尚書，統軍征緬。

乾隆於七月初九日和九月十六日下的兩道諭旨，對用兵緬甸的目的和要求，講得非常明確，著重強調必須征服緬甸，不許輕易允降。具體要求有五點：一是必將緬甸全部征服，打下首都阿瓦，「犁其巢穴」；二是必「戮其逆酋」，斬殺緬王懵駁；三是必「剿其凶黨」，「盡殲丑類」；四是消滅緬甸，兼併入清；五是絕不接受緬王投降。這些要求是十分錯誤的，最後導致明瑞慘敗自刎。

明瑞乃孝賢皇后和大學士傅恆的親侄，英俊聰睿，驍勇善戰，在平準定回之戰中，屢立軍功。明瑞手下，有北京滿兵三千名，川、滇、黔三省綠營官兵二萬二千名，還有土司兵四千名，以及原駐龍陵、杉木籠兵，共三萬餘人。除留駐重要地區外，三十二年九月十四日，大軍分兩路出發，明瑞統南路兵一萬二千餘名，由木邦攻錫箔，參贊大臣額勒登額率北路兵九千名，往老官屯攻猛密，兩路至阿瓦會師。明瑞軍於十月十八日入木邦，不久抵錫箔，緬兵俱已撤走。明瑞軍繼續深入緬地，緬軍數萬猛烈阻擊。明瑞督軍奮戰，連敗緬兵，十二月中旬，進到離阿瓦不遠的象孔，已經行軍上千里，大小數十戰，又水土不服，病亡日多，人疲馬乏，糧盡彈絕，緬兵數萬前後圍攻。北路兵統帥額勒登額貪生怕死，怯戰畏敵，儘管皇上嚴厲諭令其速往接應明瑞，否則將予治罪，雲南巡撫鄂寧七次檄調額勒登額往救木邦，他都拒不應援，

乾隆皇帝的鎧甲

明瑞像

致木邦失守，斷了明瑞的後路。

雖然敵軍數萬緊追不捨，前後圍攻，糧彈缺乏，後援斷絕，形勢萬分危急，但智勇兼備、文武雙全、善馭士卒的將軍明瑞毫不畏懼，帶領軍隊轉戰數千里，迎戰幾倍於己的緬軍，一勝於蠻結，破敵十六寨，殺敵二千餘人，再捷於蠻化，巧過天生橋，勇猛擊強敵。原禮親王昭槤盛讚其英勇征戰說：計自章子壩與敵接戰，敵日增，我兵日少，孤軍無援，「轉戰五六十日，未嘗一敗」。明瑞晨起即躬自督戰，且戰且撤，及歸營，已是黃昏之時，然「勺水猶未入口」，「糧久絕，僅啖牛炙一臠，猶與親隨之戰士共之」。

形勢越益危險，領隊大臣觀音保建議退回木邦，明瑞不從，繼續前進，但到象孔時，敵軍眾多，無論如何也衝不過去。此時本應退兵，可是明瑞想到，糧食已絕，到不了阿瓦，萬一北路兵先到阿瓦，自己如果退兵，按法當誅，想來想去，決定前往猛籠，尋找糧食，以便與北路兵會合。緬軍偵悉清軍已經糧盡援絕，四五萬緬兵猛烈追擊和截殺，二月初七日於猛臘將清軍四面包圍。此時北路兵已到達宛頂，離明瑞僅二百餘里，主將額勒登額卻按兵不動，不往救援。明瑞率領糧盡彈絕的傷疲將士拼命廝殺，堅持到二月初十日。明瑞命令全軍乘夜向敵軍衝擊，突圍至宛頂，自己親率領隊大臣及巴圖魯侍衛數十人領親兵數百斷後，「及晨，血戰萬賊中，無不以一當百」。不久，領隊大臣札拉豐阿陣亡，觀音保自盡，明瑞身負重傷，竭力疾馳二十餘里，至小猛育，僅剩一口氣，下馬自縊。由於明瑞等人的捨身死戰，掩護了突圍將士，總兵哈國興、長清等將領和眾多士卒得以突出重圍，於三月十三日抵達宛頂。乾隆帝發動的第二次征緬戰爭，就這樣以清軍慘敗而結束。

《嘯亭雜錄》、《聖武記》和《清史稿》，以及乾隆帝，皆強調北路主將額勒登額不援明瑞，致其不能取勝，而孤軍苦戰，敗死緬甸。這種看法有一定的道理，但很不確切，更不深刻。額勒登額有兵九千名，如往接應，明瑞南路兵雖敗，但不致慘敗到主帥被圍自縊的程度。可是，即使南北二路會師，也不過兩萬疲憊缺糧之軍，也不可能戰勝四五萬緬兵，扭敗為勝，攻下首都，佔領全國。清軍之所以失敗，主要原因在於乾隆的輕敵。這一點，乾隆本人也是承認的，他在批示鄂寧奏摺時寫道：「去歲朕及爾等，皆失於輕敵。」而明瑞之所以自縊，也是其親姑父乾隆造成的。乾隆既不知彼，又不知己，既違天時，又短於地利，還缺人和，怎能取勝？緬王足智多謀，緬軍、緬民為保衛國家存亡而戰，在這樣條件下，乾隆還硬要明瑞擒獲緬王、攻下首都，消滅緬甸，明瑞不但達不到這個目標，反而大敗，皇上能不大發雷霆？他哪有活路！所以，乾隆征緬、滅緬、不允緬降的錯誤方針，才是決定清軍失敗和明瑞

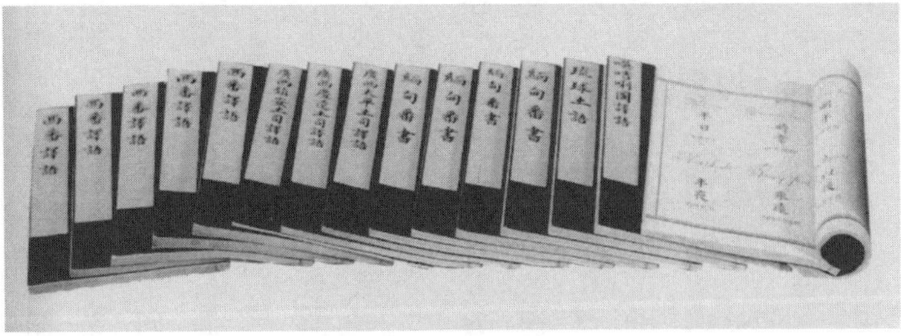

乾隆寫本《華夷譯語》

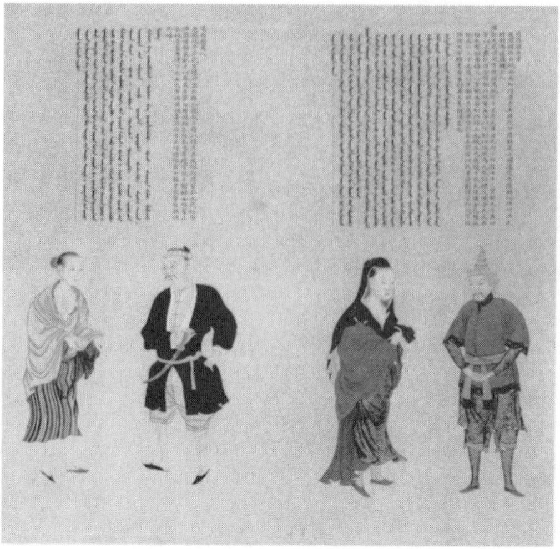

《皇清職貢圖》之「暹羅人」

自縊的根本因素。

乾隆並未因明瑞之死而頭腦清醒，放棄征緬的錯誤戰爭，反而決定大舉進剿，委任首輔，一等忠勇公傅恆爲經略，一等公、協辦大學士、戶部尚書阿里袞和兵部尚書、伊犁將軍阿桂爲副將軍，署陝甘總督舒赫德爲參贊大臣，調滿漢蒙官兵四萬餘人，備辦大量槍炮，撥銀一千三百餘萬兩。參贊大臣舒赫德和雲貴總督鄂寧，諫阻征緬，遭乾隆帝嚴斥和懲辦。緬王遣使求和，也被乾隆帝拒絕。

經略傅恆與副將軍阿桂於三十四年七月分別領兵出發，原計畫是傅恆經猛拱、猛養攻木梳，再往圍阿瓦。阿桂往蠻暮。傅恆領軍於七月二十九日至南底壩河，八月初四日到戞鳩，九月初四日猛拱土司降，猛養旋即亦降。緬甸堅壁清野，清軍行程二千餘里，找不到緬軍交戰，途中忽雨忽晴，山高泥滑，馬匹跌倒，所運糧食帳篷俱皆丟失，「軍士枵腹露宿於上淋下濕之中，以致多疾病」，「又道路不習，難深入」。傅恆只好放棄攻取木梳直搗阿瓦的計畫，收兵而回，十月初一日到蠻暮，與阿桂會合。此行，「奔走數千里，疲乏軍力，而初無遇一賊，經略聲名遂損，因羞恚得病」。

緬軍見此情形，知道清軍不可畏，輕視清軍，遂於十月初十日從水陸兩方大舉向清軍進攻，血戰於新街。清軍奮勇迎戰，打敗緬軍，進駐新街。十月十八日，清軍向老官屯緬兵進攻，猛攻二十餘日，未能攻下，而「兵多染瘴，日有死亡」，緬軍卻陸續增援，使清軍不得不由進攻轉爲防守。

雖然傅恆未將軍情完全如實上奏，只說「官兵遇賊，俱各奮勇，但染病者多」，可是乾隆憑其執政三十多年的經驗，已感到形勢不妙，於十一月十一日即下諭命傅恆遣人勸降，十八日得知軍營僅存兵丁一萬三千餘名，領隊大臣亦多患病，更加震驚，立即批示：「以此觀之，撤兵爲是。」隨即下諭撤兵，但聖旨未到之前，軍營已與緬軍議和了。

原來，緬甸請求議和，傅恆雖然病重，卻堅主進攻，不允其請。副將軍阿桂認爲氣候惡劣，人多患病，建議議和，傅恆不同意。在戰則危，和則安，關係清軍安危，必須立即決定的關鍵時刻，阿桂以大無畏的英雄氣概，冒著被皇上革職嚴懲的危險，不顧主帥的固執，「集諸將，議進止」。諸將同意阿桂的主張，阿桂遂帶領眾將，逼傅恆同意後，即遣使與緬甸議和。十一月十七日雙方議定了停戰議和。傅恆等立即上奏朝廷。

由於傅恆病重，副將軍阿里衮又已因病去世，軍務由阿桂主持。阿桂於三十四年十一月十七、十八兩日將傷病士

《萬國來朝圖》

卒先行撤回，十九日傅恆帶兵三千撤回，二十一日全軍於夜間二更離營撤退，二十六日回到虎踞關。乾隆帝批准了停戰議和及傅恆奏上的「緬酋納款善後事宜」。第三次征緬之役至此結束。第二年，三十五年七月十三日，傅恆因出師不利，羞慚難堪，又氣又病，死了，享年尚不到五十歲。

經過一些曲折，雙方多次談判，終於於乾隆五十五年敕封緬甸國王，從此中緬之間朝貢不斷，往來頻繁，貿易繁榮，兩國人民均獲其利。

從乾隆三十年冬到三十四年十一月的五年之間的征緬之戰，被乾隆列爲「十全武功」之一，實際上這次戰爭，談不上是什麼武功。因爲，從總督劉藻、楊應琚，到明瑞、傅恆，每次征戰，清軍俱未獲勝，明瑞還敗死於小猛育，傅恆之兵，病故陣亡一萬八千餘人，劉藻畏罪自殺，楊應琚被勒令自盡，經略、副將軍、參贊大臣，提督、總兵等二十餘員文武大臣病故或陣亡，還花了九百八十餘萬兩軍費。付出了這樣損兵折將的重大代價，又得到了什麼呢？緬國仍存，其酋還被敕封爲王，乾隆當初提出用兵的五項具體要求，一項也未達到。這樣的征戰，既不威武，也無功可言。

攻安南

乾隆五十三年（一七八八年）夏，安南執掌軍政實權的泰德王阮惠遣兵數萬，攻克國都東京，老國王已死，其嗣孫黎維祁逃亡。高平府督阮輝宿護衛黎維祁之母、妻及宗族六十餘人，來到清東平府，守隘官弁將他們收受入隘，給與房屋，令其居住。廣西巡撫孫永清向乾隆帝奏報此情。六月十七日，乾隆看過奏摺，下達諭旨，講了五個問題：此事應予詢明妥辦；委派兩廣總督孫士毅辦理；查明原委；安插逃人；尋找王孫黎維祁。

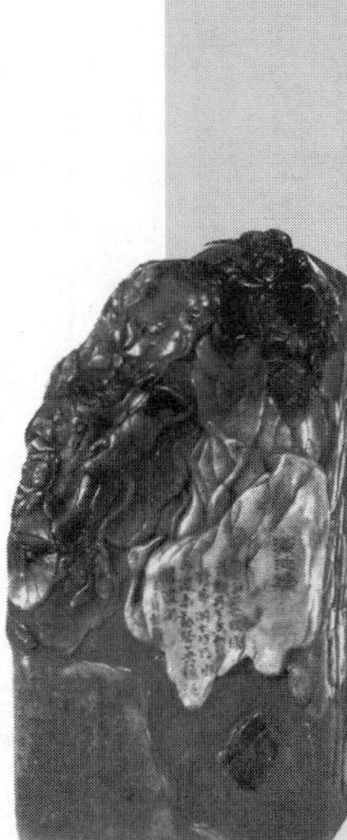

《皇清職貢圖》之「安南人」

此後，孫士毅陸續奏報，阮惠僅佔奪部分州縣，黎城西方、北方州縣俱不肯降賊，臣民願擁戴舊主。乾隆也相應下諭，指授機宜。從六月十七日到八月二十六日，這七十天裏，雖然乾隆多次下諭，強調「安南臣服本朝，最爲恭順」，應當「興滅繼絕」，幫助安南王孫驅逐阮惠，恢復故國，但僅僅諭令王孫及安南臣民起兵逐阮，並未決定派軍往征。雖然乾隆沒有說明這樣做的原因，但聯繫到幾年以前的進攻緬甸和第二次征剿金川的戰局，攻緬失敗，打金川非常艱苦，花銀七千萬兩，第一任主帥定邊將軍溫福喪命於「番人」刀下，教訓太深刻太慘痛了，大戰最好不打。可能正是因爲這樣的考慮，所以乾隆才愼重又愼重，不輕言出兵。然而，不幸的是，這樣明智的決定沒有能堅持下去，他受不了貪功邀賞的兩廣總督孫士毅的誘惑。孫士毅錯誤估計了形勢，以爲阮惠軍隊不堪一擊，安南臣民會擁護清軍進攻阮兵，幫助舊主黎維祁重登王位，如果出兵攻阮，定能輕易取勝，建立大功，自己就可論功封賞，名列青史了。所以他多次上奏，虛報敵情，奏請出兵。八月二十七日，孫士毅奏稱，阮惠、阮岳弟兄見到孫士毅令其悔罪自新的檄文即「畏懼遁逃」。阮惠的心腹潘啓德等，願遵孫之令，糾合七州人馬討賊，看來可以直取都城，奏請備兵征討。這時，乾隆動心了，既然出兵征阮，容易成功，那就下諭派兵往討吧。此後，孫士毅又多次奏請帶兵出關，進攻安南阮惠。乾隆於十月初三日下諭，批准其請。不久，他又諭令孫士毅統兵一萬出關，作爲正兵，命雲南提督烏大經領滇兵八千，由蒙自出關，攻安南興化等處。

五十三年十月二十八日，孫士毅與廣西提督許世亨統兵一萬出鎮南關，以八千直搗安南東京黎城，以二千駐涼山爲聲援。總兵尚維屏領廣西兵，總兵張朝龍率廣東兵，各地土兵義勇隨行，號稱數十萬，浩浩蕩蕩，殺向黎城。各地守隘的阮惠士卒紛紛後撤，唯扼三江之險來抗拒清軍。第一條江是壽昌江，阮兵退保南岸，十一月十三日尚維屏領兵進攻，阮兵撤退。第二條江是球江，江面寬闊，南岸依山，高於北岸，阮軍據險列炮，守備堅固。清軍白天運竹木搭造浮橋，排列多門大炮，隔江轟打，佯裝必從此處強攻渡江，同時潛派士卒兩千，於上游二十里水流緩

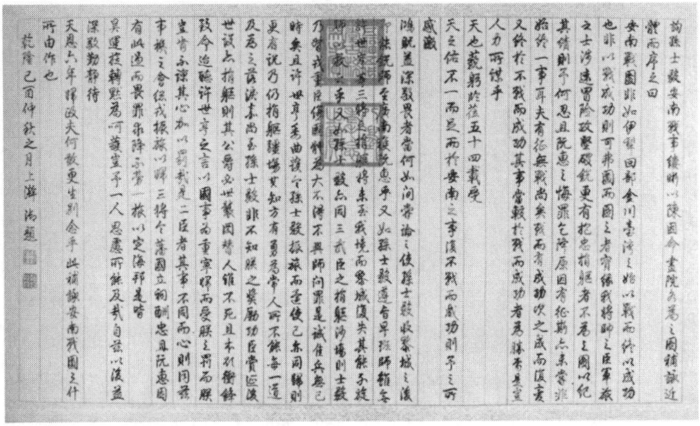

《平定安南戰圖》序

《平定安南戰圖》之「壽昌江之戰」

慢地方，用竹筏及農家小舟，於夜半偷渡。十七日早晨，清軍主力乘筏渡江，與阮軍交鋒，正當緊張之時，上游之兵已繞至敵軍背後，居高臨下，吶喊衝擊，聲震山谷，前後夾攻，阮軍大驚，「瓦解潰北」，死傷數千。第三條江是富良江，在都城門外。阮軍盡伐沿江竹木，收斂各船於南岸。清軍於十九日黎明抵達富良江，遙望敵陣不整，知守軍無固志，乃從遠處覓得小舟，載兵百餘名，夜至江心，奪敵戰艦一艘，載兵二百餘人，許世亨親自率領，先渡過江，又奪小船三十餘隻，輪番渡兵二千餘人，分頭攻敵，阮軍「昏夜不辨多寡，大潰」。清軍獲敵船十餘艘及總兵、侯、伯、將官數十人。二十日早晨，大軍皆渡，阮軍已全部撤走，黎氏宗族及城民出迎，孫士毅、許士亨進入黎城，宣慰後出城，回到大營，老國王的嗣孫黎維祁由潛匿的民村出來，趕赴軍營。孫士毅即遵奉帝諭，於十一月二十二日傳旨，冊封黎維祁爲安南國王，並將進軍情形陸續奏報。

乾隆十分高興，下諭嘉獎孫士毅及有功將弁，封孫士毅爲一等謀勇公，許士亨爲一等子。

正當乾隆歡慶大捷籌畫善後事宜之時，乾隆五十四年正月二十五日，孫士毅呈報清軍大敗、黎城失守的奏摺，送到了北京，頓使朝野大驚。原來，阮惠係主動後撤，兵力並未受到多大損失，而是待機再進。清軍統帥孫士毅誤認爲阮軍慘敗，清軍勢如破竹，所向無敵，便想功上加功，攻克全安南，活捉阮惠弟兄。這個孫士毅，也是昏了頭了。他本來是個文官，不諳兵法，對軍務既不熟悉，更談不上精通，根本沒有統軍作戰的能力和經驗。他既不知彼，在判斷安南國情上犯了兩大錯誤：一是低估了阮惠的實力，認爲其已狼狽奔竄，不堪一擊；二是不明眞情，不了解黎氏政權已經十分腐朽，無力自拔，沒有辦法和力量恢復故國。他又暗於知己，對自己的軍事指揮才幹和綠營兵的戰鬥力，都作了錯誤的估計，明明自己是不諳用兵的文官，卻要想當智勇雙全輕取強敵的卓越統帥，本來是臨陣怯戰動輒潰逃的弱卒劣將，卻當作奮勇殺敵的猛將精兵，由此而產生了僥倖心理，要再建特大功勳。

在這個問題上，年近八旬的乾隆皇帝，比這位榮封一等謀勇公的總督就高明得多了。早在五十三年十一月二十四日，即第一次獲悉兵渡壽昌江之前八天，他就下諭給孫士毅，明確規定了用兵安南的要求，即能擒阮惠，固爲上策，否則，收復黎城，俾黎維祁復其境土，亦爲中策，可即撤兵。十二月十九日，孫士毅進據黎城後，奏請遠征廣

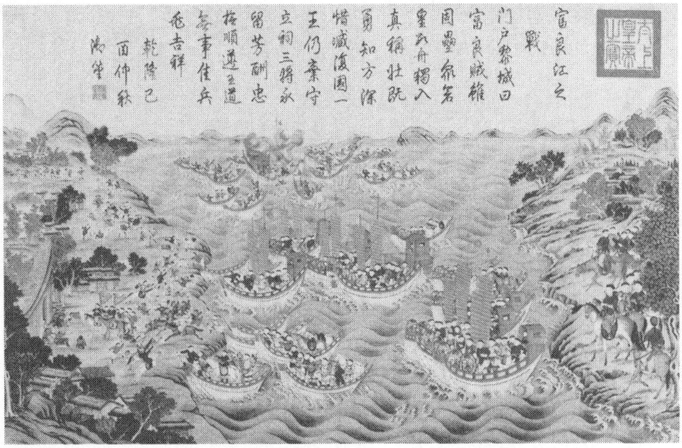

《平定安南戰圖》之「富良江之戰」

南，活捉阮惠，乾隆拒絕其請，下諭責令孫士毅遵奉前旨，撤兵回粵。

緊接著，乾隆於五十三年十二月二十日、二十二日、二十三日、二十七日、二十八日、五十四年正月初四、十二日、十六日、十九日，連下九道諭旨，責令孫士毅立即撤兵返粵。這些諭旨講了必須撤軍的四條理由：其一，大功已成，恢復東京，冊封黎維祁為安南國王，「興滅繼絕」的出兵目的已經達到；其二，安南地方僻小，又多瘴癘，官兵役夫易染疾病；其三，糧餉轉運艱難，從廣西邊界至黎城，為供一萬兵士的食糧，已用役夫十五六萬人，從雲南出口至黎城，有四十站，用夫十餘萬人，自黎城至廣南，二千餘里，須安設台站五十三所，又需役夫十餘萬人。不能因屬國逋逃未獲，大量浪費天朝錢糧兵馬；其四，天厭黎氏，黎維祁懦怯無能，安南又立國已久，看來天心已有厭棄黎氏之象。

乾隆的這些主張、見解和決定撤兵，是相當正確頗為高明的，如果孫士毅嚴格執行撤兵諭旨，安南形勢必然好轉，至少清軍不會慘敗。然而這個孫士毅，卻被二十天來的意外「大捷」沖昏了頭腦，抑制不住再建殊勳、名垂史冊、榮獲更大恩寵的念頭，竟然違抗聖旨，遲遲不撤。當他坐待阮惠弟兄降順美夢正酣之時，阮惠的

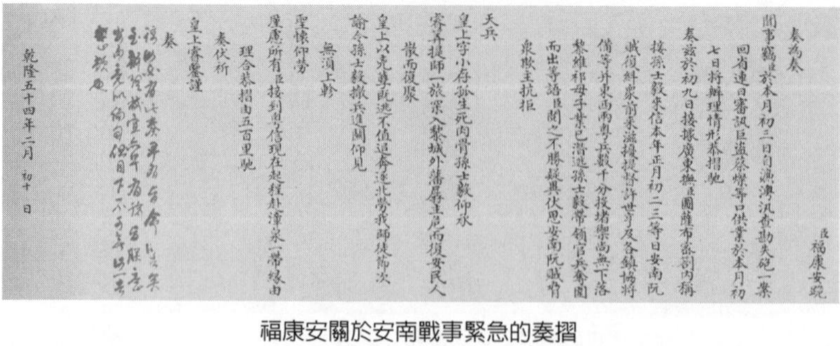

福康安關於安南戰事緊急的奏摺

軍隊突然衝進了黎城。

原來，阮惠在廣南養精蓄銳等待時機之時，偵悉「孫士毅貪得阮爲功，師不即班，又輕敵，不設備，散遣士兵義勇，懸軍黎城」之情後，於五十三年歲暮「傾巢出襲」，並遣使僞稱親來投降。孫士毅信以爲眞，毫不防備。五十四年正月初一日，「軍中置酒張樂」，正在興高采烈昏昏然之際，夜間突然有人來報「阮兵大至」，孫士毅「始倉皇禦敵」，然而阮兵數萬猛烈進攻，又用象載大炮衝陣，清軍「眾寡不敵，黑夜自相蹂躪」。孫士毅匆忙撤走，渡過富良江後，即砍斷浮橋，以防阮兵追襲，可是提督許士亨、總兵張

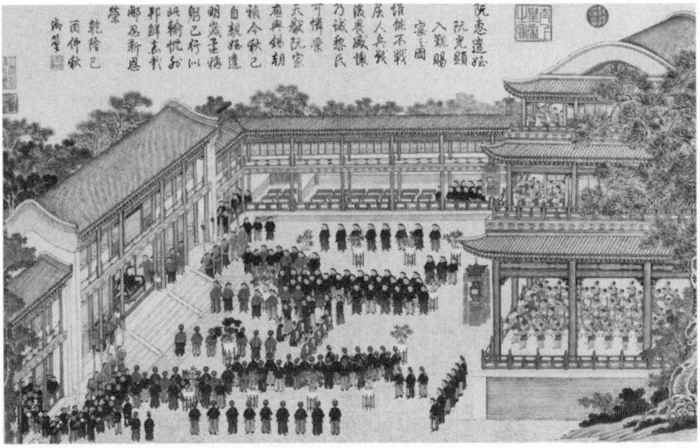

《平定安南戰圖》之「阮光顯入覲賜宴」

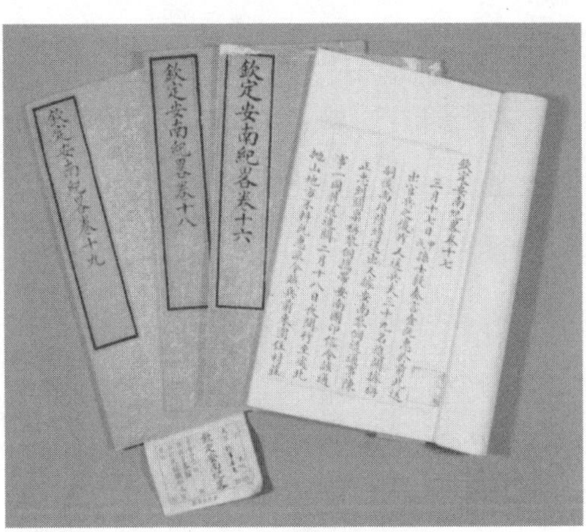

乾隆刻本《欽定安南紀略》

乾隆《御制書安南始末事記》碧玉冊

朝龍等官兵夫役一萬餘人，尚滯留南岸，因橋斷無法渡江，皆被阮兵砍殺或溺死江中，無一倖免。孫士毅拼命逃竄，退回鎮南關，「盡焚關外糧、械、火藥數十萬，士馬還者不及一半」。黎維祁攜其母先逃。一場大規模的征討安南阮惠之戰就這樣以總督孫士毅貪功輕敵、違抗聖旨、遷延不撤、遭受慘敗而結束。

雖然孫士毅奏述上事時，舞文弄墨，竭力隱瞞自己貪生怕死匆匆潰逃的眞實情形，把自己貪功違旨、輕敵喪師、畏死潰逃的特大罪行，修飾、縮小爲調度無方的過失，但也騙不了皇上，遭到斥責，罷其封爵和總督職銜。

正月二十六日，即看過孫士毅奏摺的第二天，乾隆下諭說，阮惠「逐主亂常」，傷害官兵，著即備兵，聲討阮逆。然而就在這一天，就在第一道欲征阮惠的諭旨下達之日，他又連下四道上諭，除了重述孫之功過等事外，在第四道諭旨中，取消了征阮的指示，因爲安南水土惡劣，千里遠征，難獲勝算，天厭黎氏，不值得爲他興兵。這是正確的決策。

阮惠一再乞降請封，經過多次談判，乾隆先予賜封，於五十四年六月二十二日，諭封阮惠爲安南國王，中國與安南之間的關係正常化了。

平定臺灣

乾隆五十一年（一七八六年）十二月二十七日和二十八日，閩浙總督常青的兩份奏摺送到皇上面前。常青奏：臺灣府彰化縣「賊匪」林爽文結黨擾害地方，十一月二十七日知縣俞峻在大墩「拿賊遇害，縣城失陷」。臣聞信，飛咨水師提督黃仕簡領兵兩千，由鹿耳門飛渡進剿，並派副將、參將都司帶兵分路夾攻，又派陸路提督任承恩領標兵一千二百名於鹿耳門前進，臣於泉州、廈門等處往來督察。

《皇清職貢圖》之「高山族諸羅縣人」

乾隆閱後，認爲這是臺灣常有的小型械鬥，不需大動干戈，立即批示：爾等俱是「張惶失措」，豈有因一匪犯，使全島及鄰疆皆懷恐懼之理。

第二天，陸路提督任承恩之摺又到，奏請登舟渡臺，進剿亂民。乾隆又予以斥責說，「豈有兩提督往辦一匪類之理」，實係「至愚」，此事極易平定。正當乾隆大談不須多調兵馬，消平義軍易如反掌之時，林爽文、莊大田領導的起義軍，卻已連下彰化、鳳山、諸羅三縣，臺灣全府丟失大半，官軍困守於郡城，形勢十分危急，乾隆對局勢的判斷，完全錯誤了。

原來，被乾隆輕視爲普普通通的亂民林爽文，並非輕易就可消滅的小股殘匪的烏合之眾，而是天地會首領組織的反清義軍。臺灣有大量從閩粵兩省違禁私渡入台的移民，他們「輕生好勇，慷慨悲歌」，經常襲殺貪官污吏豪橫將弁。天地會在臺灣十分盛行，會眾急劇增多，彰化縣大里杙莊的林爽文，鳳山縣仔港莊的莊大田，都是天地會的重要首領。乾隆五十一年十一月二十五日，彰化縣知縣俞峻與北路營副將赫生額、游擊耿世文帶領兵役來至大墩，欲捕捉林爽文，在離林的住處還有七里不敢前行，諭令村民擒獻林爽文，如不遵令，即焚毀村莊，並「先焚數小村怵之」。村民極端憤怒，「號泣於道」，林爽文遂因民之怨，集眾夜攻，全殲官兵，斬殺知縣、副將、游擊，乘勝於十一月二十八日攻下彰化縣城，殺知府、理番同知、攝知縣事、都司孫景燧等官。十二月初一日又打下竹塹。會眾擁戴林爽文為盟主大元帥，駐彰化縣署，建元順天，以楊振國為副元帥，王作為征北大元帥，王芬為平海大將軍。十二月初六日，林爽文又破諸羅縣。各地天地會會員紛起回應，連破六斗門、南投等處，郡中大震。臺南鳳山縣莊大田也聚眾起兵，眾至數萬，於十二月十三日攻下鳳山縣城，自稱南路輔國大元帥，或稱定海將軍、開南將軍。臺灣府一共轄有四個縣，現已丟失三縣，只剩下臺灣府城及附郭的臺灣縣，猶如海中孤島。林爽文於十二月初七日，水陸兩路進攻府城，水路有船數百隻，陸上有兵萬餘，連攻三日未下。林爽文與

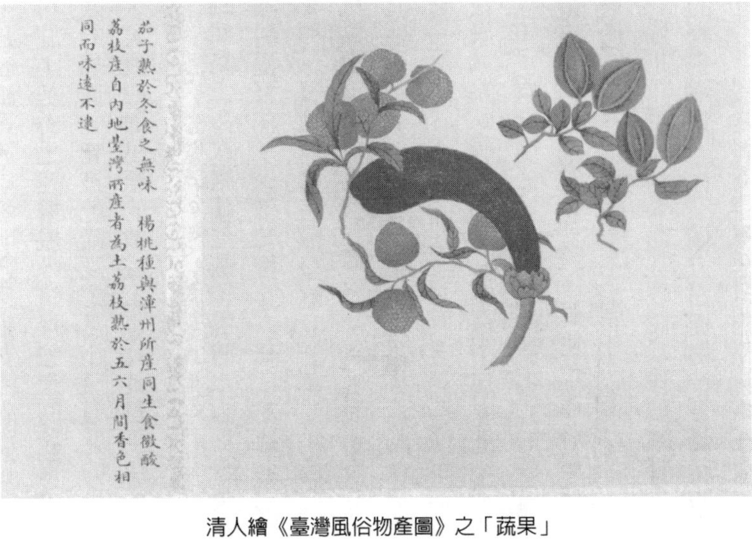
茄子熟於冬食之無味　楊桃種與漳州所產同生食微酸
荔枝產自內地臺灣所產者為土荔枝熟於五六月間香色相
同而味遠不逮

清人繪《臺灣風俗物產圖》之「蔬果」

《臺灣風俗物產圖》之「射魚」

莊大田各自派兵進攻各地官兵和支持清軍的「義民」村莊，勢力迅速擴展。這樣強大的義軍，這樣危險的局面，竟被乾隆認定爲小股殘匪的烏合之眾，可以輕而易舉的消滅，可見其對實情太不了解了。

雖然皇上多次嚴諭催戰，福建水師提督黃仕簡、陸路提督任承恩帶領援兵一萬三千餘名已經趕到臺灣，臺灣府又有額設駐兵一萬二千餘名，還有移民中支持清軍的「義民」，人數並不少於義軍，且槍炮彈藥皆比義軍更爲充裕，但兩位提督都是貪生怕死怯於戰陣的庸將，黃仕簡自稱有病，在府城「臥病床榻」，任承恩困居鹿港，不敢進攻義軍。官兵處於被動挨打時有傷亡的嚴重局面。乾隆大怒，連下諭旨，對兩位庸將嚴厲斥責，最後將二人革職拿問。

乾隆把平臺重任委諸於他認爲優於「督率搜捕」的總督常青，從三個方面提供十分優厚的條件：其一，授常青爲將軍，以福州將軍恆瑞、新

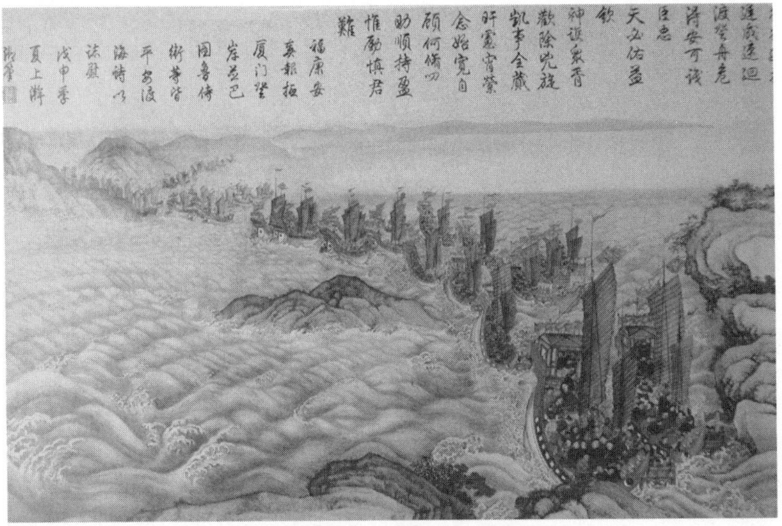

《平定臺灣戰圖》冊之「登陸廈門」

福建陸路提督藍元枚爲參贊，「俾事權統一，軍威益振，以期迅奏蕩平，綏靖海疆」；其二，嚴肅軍紀，誅戮逃將，斬總兵郝狀猷、參將圖里瑚；其三，增派援兵，允常青奏請，增派援兵七千，其中有福建駐防滿兵一千。

常青於三月初抵達臺灣府城。此時，他轄有官兵三萬，還有各莊支持清軍的「義民」，並且得到皇上大力支持，格外優遇，如若調度有方，勇猛衝殺，進展是會很快的。然而，這位被皇上讚爲優於「督率搜捕」的將軍，其實是既不優於揮軍征戰，又係怯戰怕死的膽小鬼，他的唯一長處是善於逢迎奉承，交結權貴，巴結上了權相和珅，史稱其爲「和相私人」。常青對於兵法是一竅不通，並且膽小如鼠，極畏征戰，卻擅長吹牛，虛報戰功。乾隆五十二年五月二十四日，諸將決定出師，第二日，常青領兵出府城，莊大田率天地會會黨一萬餘人合攻府城，雙方剛剛交戰，「常青戰慄，手不能舉鞭，於軍中大呼曰，賊砍老子頭矣，即策馬遁。諸將因此即退」，義軍「歡躍而歸」。常青入城，即令閉城株守，又請增兵一萬。這樣的庸帥，怎能平定臺灣！天地會勢力更加迅速擴展，數月之內，義軍「已增十萬」，四處攻打官兵。將軍常青、參贊恆瑞擁兵困居府城，總兵柴大紀統兵四千，死守諸羅，參贊藍元枚、總兵普吉保困於鹿港，大半個臺灣已落入義軍手中。常青嚇破了膽，「日夕惟涕泣而已」，別無他法，只好苦苦哀求和珅把他調離臺灣，他自己也奏請皇上另派大臣來臺。

經過和珅的活動，乾隆也對常青株守郡城不能立功而生氣，於六月二十日下諭，派協辦大學士、戶吏二部尚書、陝甘總督、御前大臣、嘉勇侯福康安前往臺灣，接替常青，統率軍務，派一等超勇侯、領侍衛內大臣海蘭察爲參贊大臣。八月初二日，他又下諭，授福康安爲將軍，增調湖南、湖北、貴州綠營兵六千名及四川「屯練降番兵」二千名。

使乾隆意想不到的是，所倚以平臺的大帥福康安卻呈上了一份畏難的奏摺，大講官兵疲弱怯戰、敵軍

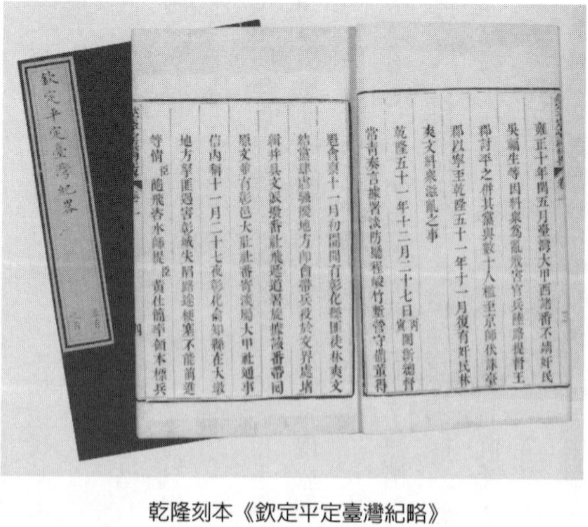

乾隆刻本《欽定平定臺灣紀略》

《平定臺灣戰圖》冊之「生擒林爽文」

狡詐兇狠情形。原來，此時，絕大部分臺灣州縣村莊已被義軍奪佔，官軍連遭失敗，士氣低下，動輒潰逃。常青龜縮郡城，福建水師提督、參贊大臣柴大紀困守諸羅，糧盡彈絕，危在旦夕。官軍總數雖然已經增加到五萬，這次又新調八千，人數不爲不少，可是素質太差，士兵太弱，並且林爽文、莊大田領導的天地會義軍已號稱一二十萬。正是在這樣敵強我弱的形勢下，十幾年來連建功勳的常勝將軍福康安才感到信心不足，難勝重任，而向皇上呈交了「畏難」的奏摺。

乾隆於八月二十四日看到福康安這份「畏難」奏摺後，大吃一驚，於當日及二十五、二十六日，連下三諭，講述進剿必勝的原因，勉勵福康安勇擔重任，並著重強調了對福康安的寵信和關懷，專門指出，「朕之待福康安，不啻如家人父子，恩信實倍尋常」，對彼「寄以股肱心膂」。皇上推心置腹情深意厚的曉諭，使福康安消除了疑慮，增強了勇氣

《平定臺灣戰圖》冊之「清音閣凱宴將士」

和責任心，迅速趕往臺灣。

乾隆對征臺之役，還做了不少工作，調撥白銀幾百萬兩和米一百餘萬石運往臺灣，多次下諭，嘉獎支持清軍的「義民」，招撫「脅從之民」歸順。特別是，他經過反覆思考後，制定了集中精銳士卒，直攻林爽文大營的戰略方針，指示將帥貫徹執行。這一切，對戰局的進展起了重大的作用。

福康安原本奏稱，集中郡城常青之兵、鹽水港恆瑞之兵五千，柴大紀諸羅守兵三四千，鹿港之兵數千餘名以及自己帶來的五千援兵，南北夾攻，直搗大里杙林爽文家鄉，但乾隆不允其請，責令其直抵諸羅，解圍之後，攻敵巢穴。

福康安遵旨，於十一月初七日領己兵五千及鹿港兵六千餘名和「義民」一千餘人出發，「凡遇賊莊，即行剿洗」，幾經鏖戰，超勇侯海蘭察率巴圖魯侍衛奮勇衝殺，官兵緊緊跟上，大敗義軍，林爽文率會眾撤走。清軍於初八日酉時（下午五～七點）進入諸羅城，解了該城被困五個多月之圍。福康安又率軍猛烈進攻大里杙，義軍「萬炬」迎戰，不幸失敗。十一月二十五日，林爽文攜眷逃入「番社」，五十三年正月初四日被清軍抓獲，二月初五日，莊大田亦被俘，不久二人被處死。林爽文、莊大田領導的天地會反清起義被清軍鎮壓下去了。

乾隆大喜，重賞有功臣將，晉福康安爲一等嘉勇公，海蘭察爲二等超勇公，批准福康安呈上的《清查臺灣積弊酌籌善後章程》，對善後事宜做了妥善安排。與此同時，他對另外臣將的獎懲卻犯了嚴重的錯誤。臺灣總兵柴大紀堅守諸羅，功在朝廷，起初，被乾隆帝多次獎嘉，擢封一等義勇伯，世襲罔替，升提督，加太子少保，後因福康安解諸羅之圍時，柴大紀僅以賓主之禮相待，未曾叩拜，福康安大怒，再三上疏，劾參柴大紀貪黷營私，貽誤軍機，激生民變，乾隆聽信其言，將柴大紀革職削爵斬首，其子充發伊犁爲奴。而對懼敵畏戰嚴重貽誤軍機的庸帥常青，卻以其「功過可以相抵」，免交刑部治罪，並授爲禮部尚書。兩相比較，乾隆眞是顛倒了是非，混淆了忠奸，做了一件有損朝廷尊嚴的蠢事。

乾隆《御制平定臺灣告成熱河文廟碑記》青玉冊

兩征廓爾喀

乾隆五十三年（一七八八年）七月二十七日和二十八日，駐藏大臣慶麟奏稱：巴勒布廓爾喀頭目蘇爾巴爾達率兵入寇，搶佔了後藏的濟嚨、聶拉木，圍攻宗喀，現在前後藏俱在嚴備，衛藏兵力不敷堵截，已飛咨四川調兵應援。

巴勒布廓爾喀又被稱作巴勒布、廓爾喀，後來叫尼泊爾。此時廓爾喀勢力強大，正想對軟弱的唐古特人（西藏人）用兵，遂借原班禪六世之親弟紅教大喇嘛沙瑪爾巴的投奔和西藏噶布倫索諾木旺札勒苛索廓爾喀商人，出兵侵入後藏。

乾隆一向十分重視西藏的安全，立即連下諭旨，責令駐藏大臣盡力抵禦，四川總督、提督派兵四千名，由成都將軍鄂輝統領，趕往西藏禦敵，將達賴、班禪移往青海泰寧居住，以保護他們的安全。他又派熟悉藏情會講藏語的御前侍衛、理藩院侍郎巴忠爲欽差大臣，入藏主持用兵事宜。

西藏噶布倫因藏兵疲弱，無力抵擋敵軍，派人與廓爾喀議和，雙方議定，西藏噶布倫每年交銀元寶三百錠，回贖聶拉木、濟嚨、宗喀三處地方。欽差大臣巴忠、四川提督成德、成都將軍鄂輝同意此議，但是他們知道，皇上絕不會接受出銀贖地的不平等條約，便編造謊言，僞稱敵酋悔過投誠，認罪退地，乞求封王納貢。乾隆不明眞情，批准了巴忠等人的奏請，於五十五年正月，賜廓爾喀使臣宴，封廓爾喀王子喇特納巴都爾爲廓爾喀國王，封其叔巴都爾薩野爲公爵。一征廓爾喀就這樣極其荒唐地結束了。

《皇清職貢圖》之「藏人」

儘管巴忠等人絞盡腦汁，精心編造，陰謀一時得逞，但謊言終究不能長期掩蓋事實，這場欺君誤國大案的眞相很快就大白於天下，因爲，廓爾喀又入侵後藏了。

原來，當初議定，西藏噶布倫每年要向廓爾喀交銀元寶三百錠，每錠重三十二兩，西藏根本交不起。乾隆五十六年七月初，廓爾喀以西藏欠債不還失約爲藉口，發兵入侵，很快攻佔聶拉木、濟嚨等處，八月二十日進圍班禪住地札什倫布，隨即攻佔此寺，大肆搶掠，將塔上鑲嵌的綠松石、珊瑚、金塔頂、金冊印等搶走，金銀佛像搶去大半，一時藏中大亂。班禪因早已被駐藏大臣移往前藏而得免於禍。

乾隆於八月二十二日知悉大怒。巴忠畏罪投河自盡。不好的消息不斷傳來。駐藏大臣保泰驚慌失措，竟奏請將達賴、班禪移至青海泰寧，幸被達賴拒絕。總督鄂輝、將軍成德畏敵怯戰，禦敵無方，擁兵四千餘名，聽任敵軍大掠之後安全退去，又不猛攻餘兵。乾隆感到，不派大軍進剿，難以收復失地，更難制止廓爾喀的再次入侵，於是下定決心，委任新帥，準備大舉征討廓爾喀。

當然，征廓很不客易，氣候惡劣，山路峻險，敵軍兇悍，滿兵水土不服，不習山戰。一征廓爾喀之時的成都將軍

拉薩大昭寺

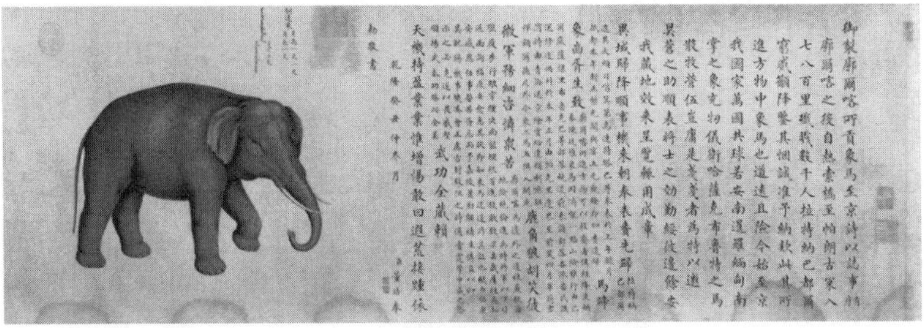

廓爾喀貢象圖

鄂輝、四川提督成德，都是行伍出身的勇將，征準平回，征緬甸，打金川，定臺灣，身經百戰，軍功累累，分別由前鋒累次升遷，任至將軍提督，這兩位勇將都對廓爾喀畏懼，不敢進攻，可見征廓之難。

此時，乾隆已是年逾八旬的高齡老人了，一般人，甚至哪怕是曾經意氣風發的名臣名帥猛將，到了這個歲數，也只有認命養老了，不可能再生雄心，攀越重重難關，遠征強敵於幾千里之外。可是，乾隆卻寶刀不老，壯志仍在，爲了保衛大清疆域，確保西藏安寧，他決定不畏艱險，二征廓爾喀。

他憑藉歷次征戰的經驗教訓，仔細分析敵我雙方情形，最後選擇了最佳的作戰布署。主要有四個方面：一是委任得力將帥，授一等嘉勇公、兩廣總督、協辦大學士福康安爲大將軍，二等超勇公、領侍衛

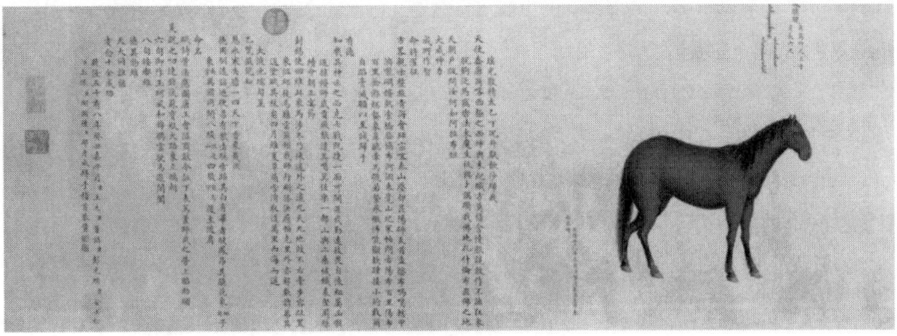

廓爾喀貢馬圖

內大臣海蘭察爲參贊大臣；二是挑選精銳將士。此時滿洲八旗已是軍威不振，綠營兵疲弱怯戰，乾隆乃另闢新徑，重用索倫和川西地區的屯練土兵（即藏兵），調索倫達呼爾兵一千、金川等屯練士兵五千、察木多兵二千，並派御前行走護衛的巴圖魯、乾清門侍衛章京（皆勇猛之人）額勒登保、永德、珠爾杭阿等一百員作爲核心，分率一萬四千名官兵征戰；三是籌辦大量銀米器械槍炮，僅五十六年九月至五十七年二月的半年裏，就準備了六百萬兩銀子，供軍需用費；四是確定用兵的方針、目的和重要策略，在相當長的時間裏，進軍的目標是直取其都城陽布，征服整個廓爾喀，戰術是精兵深入，「搗穴擒渠」。隨著形勢的變化，後來他又修改了目標，指示前方，能滅其國，固爲大勝；萬一不行，也可乘勝允降班師。

大將軍福康安、參贊大臣海蘭察等將帥，遵照聖旨，於乾隆五十七年閏四月，率銳卒約六千人出征。五月初，攻擦木，此地兩山夾峙，中亙山梁，唯一徑可通。廓爾喀軍「據險拒守，拼死抵禦」，清軍猛攻，殲滅守軍二百餘人，打了第一個勝仗。接著，交戰於噶爾轄爾甲山梁，斬殺敵兵三百餘人，海蘭察馬足受傷。再往前，成德與穆克登阿攻克聶拉木，海蘭察

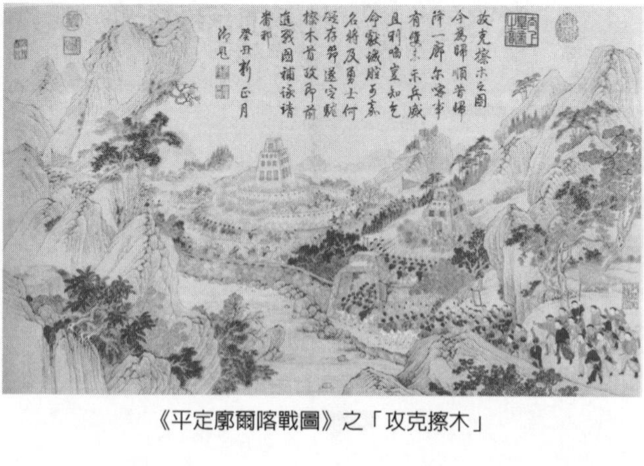

《平定廓爾喀戰圖》之「攻克擦木」

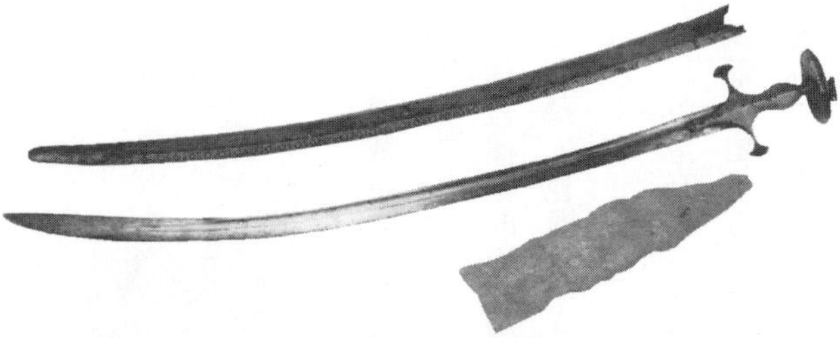

廓爾喀國王進獻的藩刀

與御前侍衛台斐英阿督索倫兵往來衝擊，頭等侍衛阿滿泰等將弁奮勇廝殺，殲敵一千餘人，攻克濟嚨。五月中，清軍已盡復失地，敵軍退還本境。

濟嚨西南皆崇山峻嶺，道路險惡，「高山夾峙，窄徑崎嶇，較金川尤爲險阻」。距濟嚨八十里有熱索橋，渡橋即廓爾喀界，河面寬廣，槍彈不能射敵，敵軍據險死守。福康安、海蘭察暗遣頭等侍衛哲森保等領兵翻越兩座大山，繞至熱索橋上游，斫木編筏潛渡，疾馳猛攻守軍，福康安乘機統兵搭橋，兩路夾攻，敵軍倉卒敗走。五月十七日清軍渡橋，進密里頂大山，沿途「陡崖高磡，亂石叢接」，「山重疊無路徑」，「無平地可搭營」，「路逼仄，不能駐足」，大帥、將領、士卒「皆露宿崖下，實甚勞苦」。五月二十二日，雙方激戰於協布魯克瑪，清軍猛攻，焚敵壘五座，斬三百餘人，破木城石卡，敵軍敗走。清軍繼續前進，沿途「林深箐密，路徑險峻」，東覺嶺兩崖壁立，中隔橫河，水深流急，「士卒履皆穿，跣足行石上，多刺傷，又爲螞蝗哨齧，兩足腫爛」。地陰多雨，「大雨如注」，「夜則成冰雪」。清軍將士艱苦行進，奮勇衝殺，屢戰屢勝，先後攻克東覺嶺、雅爾賽拉等木城，殺敵四千，深入廓爾喀境內七百餘里。七月初進攻甲爾古拉、集木集，離都城陽布僅數十里。雙方惡戰，福康安因屢勝而「驕滿」，疏於指揮，率領部分士卒冒雨仰攻二十餘里，遭敵軍伏

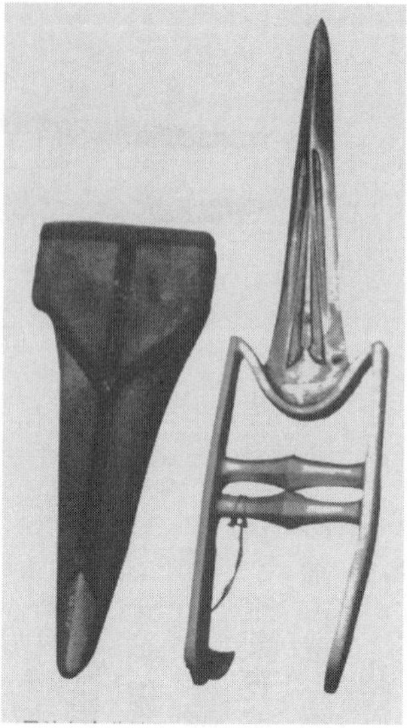

廓爾喀國王進獻的金花鐵插刀

擊，「木石雨下」，清軍「且戰且卻」，勢甚危急，福康安親身督戰，幸好海蘭察隔河接應，御前侍衛額勒登保扼橋力戰，鏖戰兩日一夜，敵軍始退。這一戰，清軍克大山二座、大木城四座，石卡十一座，斬敵將十三員敵兵六百名，清護軍統領、御前侍衛台斐英阿，二等侍衛英齎等人亦陣亡，「死傷甚眾」。

這時，廓爾喀王叔巴都爾薩野因清兵猛勇，連戰連勝，自己失地數百里，難以繼續交戰，便連遣使者「乞降」求貢。福康安也因甲爾古拉一戰損失重大，不可能攻克陽布消滅敵國，同意議和。乾隆帝擔心福康安重蹈當年將軍明瑞深入敵國糧盡援絕敗死荒郊的覆轍，一再諭令福康安允降收兵。雙方都有停兵誠意，遂達成協定，清軍撤回西藏。乾隆五十八年正月，冊封拉納特巴都爾為廓爾喀國王，五年一貢，從此雙方關係密切，友好往來。

乾隆在用兵之時，就在仔細思考變起之因和將來安定西藏之法，他聯繫從康熙到今天一百餘年西藏歷史實際，終於找到了癥結所在，這就是噶布倫專權，駐藏大臣虛有其名，他決定徹底改變這種狀況，使駐藏大臣牢固掌握藏區軍政大權，西藏嚴格隸屬於中央。他在五十六年十二月二十六日的上諭中，痛斥噶布倫專權橫行，滋生事端，禍害藏地，廓爾喀兩次入侵，均與噶布倫「起釁」有關，剝奪其權。不久，他又下諭，將噶布倫及戴綳、第巴等官員的任用權奪了過來，規定戴綳等官員由駐藏大臣會同達賴商議揀選補放；噶布倫缺出，由駐藏大臣會同達賴，擬定正、陪名單奏報，由皇上欽定。五十七年八月二十六日，他又下諭，建立金奔巴瓶制，規定達賴等大喇嘛的化身呼畢勒罕，由駐藏大臣會同達賴，「對眾拈定」，上奏朝廷。

大將軍福康安等人，遵循諭旨，提出方案，會同達賴商議改定，經皇上批准，於乾隆五十八年頒布了《欽定西藏善後章程》，共二十九條，明確規定了中央政府擁有管轄藏區政治、軍事、經濟（租賦、銀錢）、外交、外貿等各個方面的最高權力，在宗教上也有很大許可權，達賴、班禪等大喇嘛的呼畢勒罕，需經清政府掣簽挑選和批准，各呼圖克圖違犯國法，將受到中央政府嚴厲制裁，西藏進一步直隸中央。

清高宗頒發的「金奔巴瓶」

《聖武記》盛讚乾隆治藏之功說：「自唐以來，未有以郡縣治衛藏如今日者」，「自元明以來，未有以齊民治番僧如今日者」，「高宗神聖，百族稟命，詔達賴、班禪兩汗僧當世世永生西方，維持教化。故衛藏安，而西北之邊境安；黃教服，而準、蒙之番民皆服」，「蓋至金奔巴瓶之頒，而大聖人神道設教變通宜民者，如山如海，高深莫測矣」。

「十全武功」的六大特點

乾隆五十七年（一七九二年）十月初三日，八十二歲的乾隆皇帝弘曆因允准廓爾喀修貢停兵議和，親撰《御制十全記》，記述他認爲是「十全大武揚」的「十全武功」，諭令軍機大臣將此文繕寫滿、漢、蒙、藏四種文字，建蓋碑亭，「以昭武功而垂久遠」。此時他眞是志得意滿狂笑歡歌了。對於「十全武功」，評價各有不同。我認爲，「十全武功」有六大特點。

其一，戰爭之多，軍費之巨，清朝罕有。乾隆朝一共是六十年，再加上太上皇時期的嘉慶三年零三天，也就是六十三年。而「十全武功」，兩征金川，兩征準噶爾與統一回疆，中緬之役，用兵安南，總計十全武功的征戰多達二十六年之久，較之順治、康熙、雍正及嘉慶以後的各朝，用兵次數之多和時間之長，無一可以與之相提並論。並且，軍費之多，也是十分驚人的。一征金川，軍費花掉白銀九百八十至一千一百餘萬兩；二征金川，七千餘萬兩；征準平回，三千三百餘萬兩；遠征緬甸，九百一十餘萬兩；出征安南，一百餘萬兩；臺灣用兵，八百餘萬兩；廓爾喀之役，一千零五十餘萬兩。「十全武功」共開支軍費一．五億兩白銀，相當於四年的全國財政收入，又超過了順治、康熙、雍正三朝。

其二，「十全」不全，勝中有敗。所謂「十全武功」，實際上是功不滿十，這十次用兵，並非是每次皆是凱旋而歸。一征金川，損兵折將，庸帥總督張廣泗、經略訥親戰敗被誅，皇上見獲勝無望諭令班師，名勝實敗。緬甸之役，將軍、一等公明瑞敗死小猛育，經略大學士傅恆受挫老官屯，被迫議和，匆忙撤退。出征安南，統帥孫士毅狼狽逃歸，提督許士亨戰死，全軍潰敗。初征

碧玉「十全老人之寶」

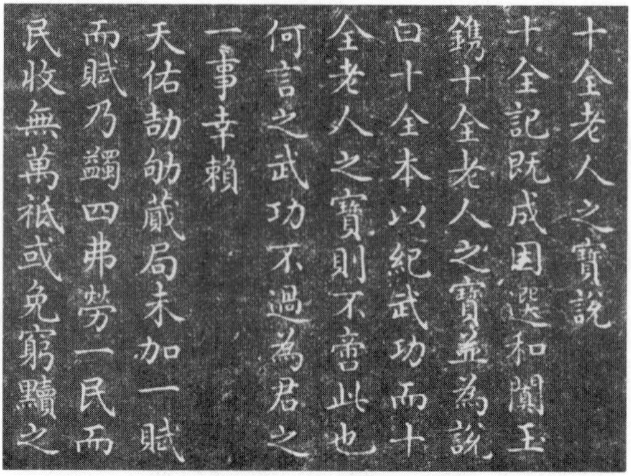

十全老人之寶說
十全記既成因選和闐玉
鐫十全老人之寶並為說
曰十全本以紀武功而十
全老人之寶則不啻此也
何言之武功不過為君之
一事幸賴
天佑勳勛蔵局未加一賦
而賦乃蠲四弗勞一民而
民收無萬祗或免窮黷之

「十全老人之寶說」之一

廓爾喀，雙方既未正式交鋒，欽差大臣巴忠還附和藏區噶布倫之議，喪權納銀贖地，當然也談不上功成凱旋。十全武功就有四不全，就有四次失敗，怎能冒稱是十戰十勝的「十全武功」！並且，就是那些得勝之戰，也不是所向無敵，勢如破竹。征準部，定北將軍、一等公班第喪命於烏蘭庫圖勒。定回疆，定邊將軍兆惠被困黑水營，差一點就全軍覆滅。二掃金川，定邊將軍、大學士溫福中槍而死，清軍潰敗於木果木。「靖臺灣」，將軍常青龜縮郡城，參贊大臣、一等義勇伯柴大紀被圍於諸羅，險些身亡城毀。二征廓爾喀，七戰七捷之後，大將軍、大學士、一等公福康安差點死於敵軍刀下，清軍「死傷甚眾」。由此看來，以取勝的六大武功而言，這些武功也有不甚光彩之處。

其三，大起大落，變化多端。各次戰爭中，軍情緊急，勝負難測，瞬息突變，吉凶未卜。一征準噶爾，進展神速，來歸恐後，「師行數千里，無一人抗顏行者」，僅僅三個月的時間，就取了伊犁，全準歸順。可是，慶功之宴剛開不久，輝特部首領、「雙親王」、定邊左副將軍阿睦爾撒納即率部叛清，定北將軍班第、參贊大臣鄂容安被圍殉國，厄魯特四部大亂，清軍連續奮戰了三年，才再次統一準部。回疆用兵，旗開得勝，敗叛汗，下庫車，回城紛紛納款，可是，轉眼之間，清軍主帥定邊將軍

兆惠兵敗葉爾羌，被困黑水營長達三個月之久，彈盡糧絕，即將全軍覆沒，幸遇富德等援兵救助，始免於難。遠征緬甸，主帥明瑞起初督軍屢敗敵兵，連奏捷報，後因長途轉戰，孤軍深入，人疲馬乏，彈盡糧絕，身陷重圍，敵眾我寡，兵敗自盡。二征金川，主帥定邊將軍溫福統兵數萬，連取敵碉，降服小金川，進攻大金川，駐軍木果木，遭敵包圍，斷糧斷水，軍心震動，大營失陷，溫福中槍死，三位提督及總兵、副都統、副將、參將、游擊等一百餘員和三千餘名士卒陣亡。進攻安南，主帥兩廣總督孫士毅初因率軍輕取東京，功封一等謀勇公，旋因違旨不即撤兵，遭敵軍大舉圍攻，傷亡慘重，棄城逃竄。

其四，用兵多年，調度有方。過去人們對乾隆指揮征戰的能力多持貶詞，尤其是將他與祖父康熙帝相比，更認爲他是相差太遠，簡直到了不屑一提的程度。我認爲，此議欠妥，對乾隆的「武功」及其軍事指揮才幹的評判，是太不公正了。因爲，祖孫兩人所處的時代不盡相同，形勢差異很大。康熙年間，八旗軍的軍威仍舊可觀，綠營兵的戰鬥力也不可小看，還湧現出了圖海、費揚古、賴塔、張勇、趙良棟、王進寶、孫思克、施琅、蔡毓榮、穆佔等等滿洲、漢軍、綠營名帥勇將。乾隆年間的軍隊可就是遠遜於前了，兵不如前，弁不如前，將不如前，帥更不如前，

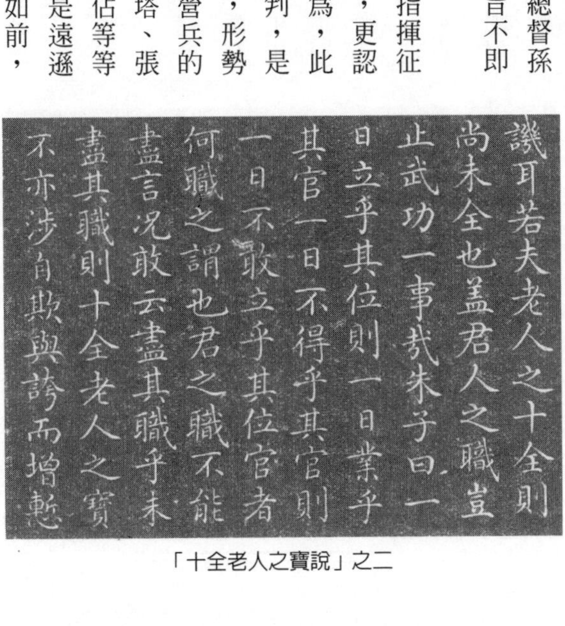
譏耳若夫老人之十全則尚未全也蓋君人之職豈止武功一事哉朱子曰一日立乎其位則一日業乎其官一日不得乎其官則一日不敢立乎其位官者何職之謂也君之職不能盡言況敢云盡其職乎未盡其職則十全老人之寶不亦涉自欺與誇而增慙

「十全老人之寶說」之二

調動這樣的軍隊去打仗，去攻城克碉，斬將擒王，其難度顯然遠遠大於康熙朝，而乾隆正是在這樣不利的條件下，指揮這樣的軍隊去創立「十全武功」的。從這個角度來看，乾隆早年用兵的一些失誤，就可以理解了。

乾隆在指揮「十全武功」的前幾次大的戰爭中，確實犯了很嚴重的錯誤。一征金川，首先就錯在形勢判斷有誤，不該打這場大仗。其次是錯在任帥非人，一不該用川陝總督慶復統軍，二不該讓張廣泗接替其任，三不該用短棄長，派善理國政卻不諳用兵的訥親去當經略。兩征準部時，過分依賴投誠的準噶爾汗貝勒，在沒有以清軍爲核心爲強大後盾的前提下，實行「以準攻準」方針，致阿睦爾撒納突然叛亂，主帥班第被圍殉國。用兵回部，起初誤用昏帥雅爾哈善，後又因過分輕敵逼令將軍兆惠冒險速擊，致其被困於黑水營。遠征緬甸，料敵不明，錯誤定下必滅其國的目標，致將軍明瑞孤軍深入，敗死荒郊，等等。雖然遭受到如此一係列的慘重失敗，但乾隆並未灰心絕望，也不諉過於下，而是振奮精神，總結教訓，承擔責任，找出錯誤原因，制定新的正確方針，任用得力將帥，堅持戰鬥，奪取勝利。他還獎懲分明，擢用名帥猛將。他先後懲辦了慶復、張廣泗、訥親、策楞、玉保、永常、達爾當阿、哈達阿等昏庸統帥，或革職，或斬殺。他對智

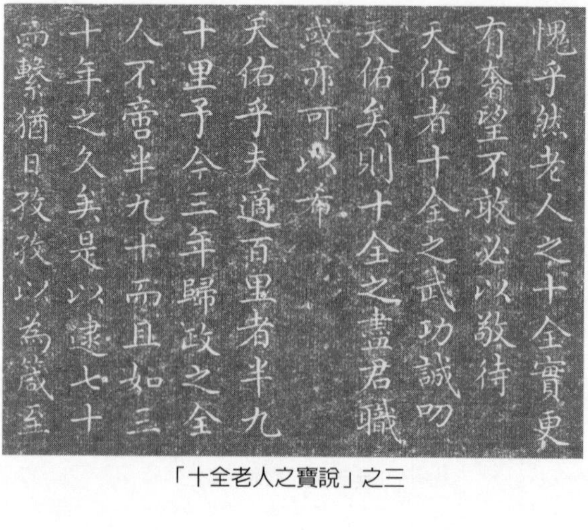
愧乎然老人之十全實更
有奢望不敢必以敬待
天佑者十全之武功誠叨
天佑矣則十全之盡君職
或亦可以希
天佑乎夫適百里者半九
十里予今三年歸政之全
人不啻半九十而且如三
十年之久矣是以逮七十
而繫猶日孜孜以爲箴至

「十全老人之寶說」之三

勇雙全、驍勇善戰的將帥弁士格外重賞擢用，像索倫馬甲海蘭察勇冠三軍，身經百戰，屢建殊勳，封授一等超勇公、領侍衛內大臣，像額森特、額勒登保、德楞泰、台斐英阿等幾十名馬甲、前鋒、拜唐阿、珠戶出身的勇士，都因軍功累累，任至總兵、都統、提督、頭等侍衛、御前侍衛、領侍衛內大臣。像善於統軍征戰的名帥阿桂，從軍機章京擢任至定西將軍、首席大學士、領班軍機大臣，封一等誠謀英勇公。這些難得的將帥對創建「十全武功」起了很大作用。總而言之，乾隆早期的指揮，有錯有對，從三十八年六月木果木清軍慘敗以後的歷次征戰，他的調度基本上是正確的，可以說是已經成爲一位善於用兵屢戰屢勝的英明君主了。

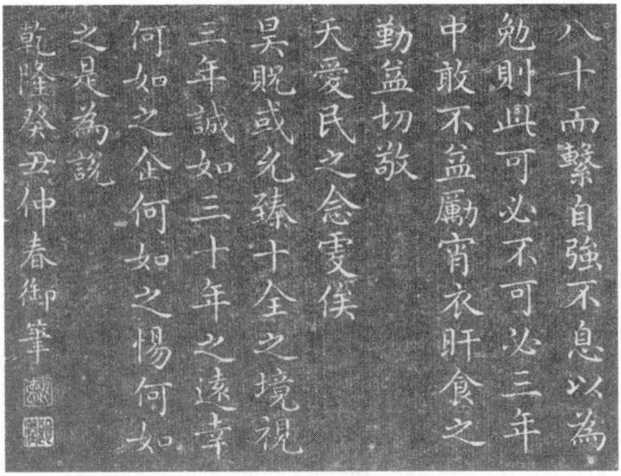
八十而繫自強不息以為
勉則與可必不可必三年
中敢不益勵宵衣旰食之
勤益切敬
天愛民之念爰俟
昊貺或允臻十全之境視
三年誠如三十年之遠幸
何如之企何如之惕何如
之是為說
乾隆癸丑仲春御筆

「十全老人之寶說」之四

其五，勇於進取，改革舊制。準噶爾部有二十餘萬戶六十餘萬人，剽悍善戰，曾大敗清軍於和通泊，使「三朝（康雍乾）四顧，旰食仄席，戍塞防秋」，乾隆趁準部內亂，決定出兵，痛斥滿洲王公大臣「畏怯退縮」，雖遇挫折，也不動搖，終於平準定回。當兵強馬壯的廓爾喀軍入侵西藏時，儘管他已是八十多歲的高齡老人，仍然不顧氣候惡劣山川險峻的不利條件，不畏艱險，毅然發兵征討，打敗敵軍。他還廢除厄魯特四部總汗及回部和卓掌權與藏區噶布倫專權舊制，設立伊犁將軍，築城駐兵屯田，頒行

《欽定西藏善後章程》。

其六，成效顯著，貢獻巨大。由於乾隆的勇於進取，調度有方，廣大將士的浴血奮戰，漢滿藏維等族人民反分裂、求統一、反抗外來侵略的堅決鬥爭，乾隆年間出現了「十全武功」的大好局面。在沙皇俄國還未來得及大規模侵略厄魯特蒙古和回部之前，乾隆帝的平準定回，統一了天山南北地區。在英國還未完全佔領印度進而向中國西南邊疆侵襲之前，兩征廓爾喀的勝利，保衛了西南國土，使西藏更加緊密地直隸清廷之下，西藏與內地其他省一起，共同組成了中央政府直接管轄的密不可分的大清國。「十全武功」，以及乾隆初年對貴州苗疆的用兵，使西北、北方徹底安定，西藏嚴格隸屬中央，四川青海寧謐，貴州改土歸流得以堅持，雲南南部民族地區牢固內附，從而最後奠定了近代中國的版圖，廣達一千三百餘萬平方公里的強大的中國屹立於東方。

碧玉「五福四得十全之寶」

《四庫全書》的主持人

《四庫全書》的書名，是乾隆帝弘曆欽定的。四庫者，係此書的編輯是「以經、史、子、集爲綱領」來編排的，而「全書」，則表示此書要將經、史、子、集四大類的最好之書、最有價值之書全部網羅在內。要求之高，氣魄之大，既令人驚歎，又使人有些懷疑，能眞的編纂成一部彙集天下最好之書最有價值的書嗎？難，太難。

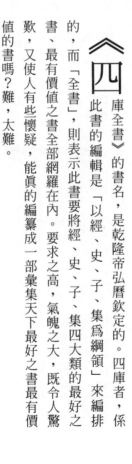

《四庫全書》楠木匣

難關之一，上千年來，歷代好書散布各地，要將全國一千七百餘府州縣數不清的衙署、書院、店鋪、私人藏書室裏的好書搜訪出來，談何容易！難關之二，就算是收到了書，在哪裏去請幾百位有眞才實學的專家學者來做編輯工作，特別是負責全書的總裁、總纂人選，更是難找，既要有位尊權大的條件，又要是學界泰斗，一代大師，還要懂行，度量大，會主持，會管理，會發現和任用賢才，而不是徒具虛名，誇誇其談，華而不實，官銜大，學問少，嫉賢妒能，胡亂指揮。可以說，能否委任好的總裁和找到具體負責全書編纂工作的好的總纂，是此書成敗的一個關鍵，這比搜訪遺書還難，還要重要。這兩大難，能夠難住千百萬人，可是難不倒乾隆，因爲，他詩書語文兼長，書畫雙優，既是行家裏手，又會主持、指揮。他有「大清全盛之勢」的雄厚基礎：要錢，國庫充盈，就在他爲《四庫全書》欽定書名的兩個多月前，即三十七年正月十五日，戶部庫銀多達八千餘萬兩；要人，此時人才濟濟，各門學科的學者專家足夠擔此重任；要權，他是至高無上的大皇帝，言出令行，誰敢違抗。乾隆正是充分利用了本身的權力、能耐和「全盛之世」的條件，

決心把這部「全書」編好。

乾隆採取了兩大措施：

其一，搜訪中外遺書。他於三十七年正月初四日，下達了「命中外搜輯古今群書」的諭旨，要求各省督撫會同學政，通飭所屬人員，搜集天下古今中外有價値的遺書，爲「研討愈精」提供條件，「以彰千古同文之盛」。因爲各省督撫不認眞辦理，進呈之書太少，他於三十八年三月二十八日下達專諭，嚴厲譴責督撫因循搪塞，限令半年之內「實力速爲辦妥」，否則，「惟該督撫是問」。他又多次下諭，鼓勵藏書家進獻典籍，以兩淮商人馬裕和浙江鮑士恭、范懋柱、汪啓淑四家獻書「五六七百種」，予以嘉獎，並各賜《古今圖書集成》一部。經過乾隆的多方督促、鞭策和嘉獎，在全國收集到大量珍貴典籍，爲編纂《四庫全書》提供了雄厚的堅實的基礎。

其二，委任好的總裁、總纂和纂修官。剛開始，乾隆委派大學士劉統勳爲總裁官，後陸續增加，正總裁有十六人，即永瑢、永璿、永瑆、劉統勳、劉綸、舒赫德、阿桂、于敏中、英廉、程景伊、嵇璜、福隆安、和珅、蔡新、裘日修、

《四庫全書》

《四庫全書》館總裁、質親王永瑢像

王際華。副總裁有十人，即梁國治，曹秀先、劉墉、王杰、彭元瑞、錢汝成、金簡、董誥、曹文埴、沈初。這二十六位總裁副總裁的名單，反映了七個問題：一是進士出身的佔壓倒優勢，除永瑢三位皇子和額駙福隆安未參加科舉考試外，其餘二十二位正副總裁中，有十六位是進士，其中，于敏中、梁國治、王杰還是狀元，沈初是榜眼，王際華是探花。二是翰林多達十七位。三是多係學富五車才華出眾，或著書立說，或書畫奇妙，或詩文優異，如劉綸，「爲文法六朝，根抵漢魏」；劉墉，「工書，有名於時」，片紙千金；蔡新、梁國治、沈初、彭元瑞等著作頗豐。四是相國居多，有十三位。五是能臣不少，政績卓著，如劉統勳、阿桂、劉綸、舒赫德、梁國治、蔡新、嵇璜、程景伊、劉墉、王杰、董誥等。六是皇子亦非平庸之輩，皇六子永瑢「工畫」，「濟美紫瓊，兼通天算」，畫有《長江帆影圖》，是一幅指繪祖國壯麗山河千嬌萬姿景象的藝術珍品。皇十一子永瑆，大書法家，「名重一時，士大夫得片紙隻字，重若珍寶」，「論者謂，國朝自王若霖下一人而已」。七是位尊權大，高貴顯赫，在十六位正總裁中，三位是榮封親王郡王的皇子，一位額駙，十位大學士，另兩位是尚書，他們同任正總裁，其爵位之崇，官職之高，權勢之大，在欽定編纂的眾多書籍中，僅此一家。這一切，對保證《全書》的順利編纂，起了很大作用。

在選任總纂和纂修官上，更顯得特別突出。乾隆三十八年三月十一日，正總裁大學士劉統勳、劉綸、于敏中等上奏說，爲了避免「罣漏參差」，請將纂修官紀昀、提調陸錫熊任爲總辦（即總纂）；添纂修人員十員；任「留心典籍」的姚鼐、程晉芳、任大椿、汪如藻、翁方綱爲纂修官，任能考訂古書原委的余集、邵晉涵、周永年、戴震、楊昌霖爲分校官。乾隆批准所奏。

這份奏摺爲編好《四庫全書》，提出了任紀昀、陸錫熊爲總纂，添纂修，推薦姚鼐等人的三點要求。這三點要求的提出，非常難得，既十分中肯，作用很大，又顯示了劉統勳等正總裁卓越的膽識、寬闊的胸懷和慧眼識英才、任人唯賢的才能。先以要求任用紀、陸爲總辦來說，這樣做，很難，要過三道很難逾越的關。第一道關口，是眾總裁能否秉公選人，不存私心，不推薦自己的子侄親友和心愛的得意門生。總纂官一職，既非常重要，十分光榮，又無比金貴，極易由此登上學界泰斗文壇領袖，留名青史，並步步高升，位列九卿，入閣拜相，文人無不心嚮往之。劉統勳、劉綸、于敏中、王際華、裘日修等正總裁都是進士出身，書香門第，其子侄不乏進士編修之類的學者，像劉綸之子劉躍

紀昀像

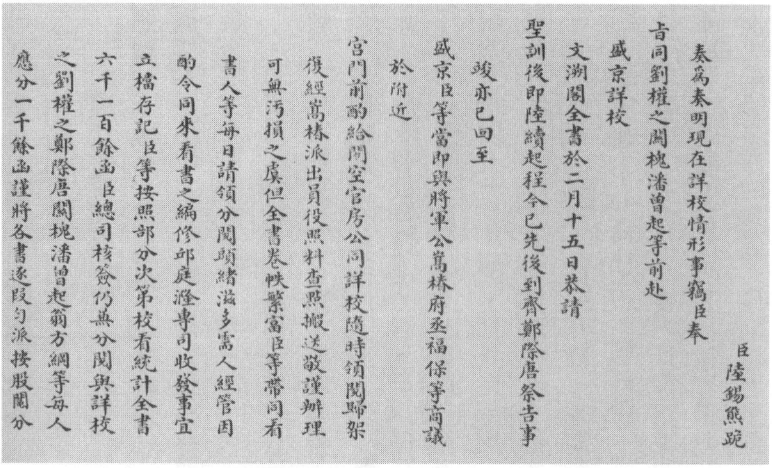

臣陸錫熊跪
奏為奏明現在詳校情形事竊臣奉
旨同劉權之關槐潘曾起等前赴
盛京詳校
文溯閣全書於二月十五日恭請
聖訓後即陸續起程今已先後到齊鄭際唐祭告事
竣亦已回至
盛京臣等當即與將軍公富椿府丞福保等商議
於附近
宮門前酌給閒空官房公同詳校隨時領閱歸架
復經富椿派出員役照料查點搬送敬謹辦理
可無污損之虞但全書卷帙繁富臣等帶同看
書人等每日請領分閱頭緒滋多需人經管因
酌令同來看書之編修邱庭漋專司收發事宜
立檔存記臣等按照部分次第校看統計全書
六千一百餘函臣總司核發仍無分閱與詳校
之劉權之鄭際唐關槐潘曾起翁方綱等每人
應分一千餘函謹將各書逐段匀派按股閱分

總纂官陸錫熊關於詳校《四庫全書》情形的奏摺

雲便是乾隆三十一年的探花，劉統勳之子劉墉是乾隆十六年進士，而紀昀卻是十九年的進士，陸錫熊是二十六年進士，論年限，論名次，劉躍雲、劉墉以及其他類似學銜的正總裁之子侄親友門生，都比紀昀、陸錫熊的條件更好，眾總裁如果出於私心，出於門戶派係考慮，是完全可以推薦他們而不舉薦紀、陸的。但劉統勳等總裁沒有這樣做，並且他們還不局限於庸俗陳規，即不推薦乾隆三十七年以前的歷科狀元、榜眼、探花，眞是難得。第二道難關是，此次係升任，而不是平調。在眾多的纂修官中，有好些是狀元、榜眼、探花，爲什麼單單選上紀昀、陸錫熊？可見劉統動等人確是慧眼識英才，不拘陳規。第三道關口就更難了，因爲，紀昀是一個曾經犯過罪的罪臣，在乾隆三十三年查辦兩淮高恆貪案時，他曾私自漏洩諭旨，告訴姻家犯官盧見曾，致其轉移財產，爲此紀昀被革職充軍，三十六年才被釋放回家。劉統勳等敢於推薦這樣一位有錯的飽學之士，確係優遇奇才，難能可貴。

再就推薦舉人戴震等人請求增加纂修人員來看，劉統勳等總裁從兩個方面打破了陳規舊框，一是不限於翰林，二是不限於進士，只要有眞才實學，都可以推薦，委任爲纂修官、分校官。此後纂修人員陸續增加到二百多位，集中了戴震、王念孫、姚鼐、朱筠、程景芳、金榜等等二百多位全國最優秀的飽學多識的專家學者，可謂「賢俊蔚興，人文鬱茂，鴻才碩學，肩比踵接」。

在乾隆的親自調度、督責、指導和檢查下，正副總裁、纂修官等人員持續工作了十五年，終於完成了七部《四庫全書》的編纂、校勘、謄錄、裝訂成冊的工作，分別藏於北京的文淵閣、文源閣，盛京的文溯閣，承德避暑山莊的文津閣，揚州的文匯閣，鎮江的文宗閣，杭州的文瀾閣。

乾隆又委派紀昀、陸錫熊爲總纂官，編纂《四庫全書薈要》和《四庫全書總目》。

從《四庫全書》的編纂來看，可以看出五個問題。其一，「盛世」產物。《四庫全書》是一項空前龐大的文化工程，是乾隆自稱當時是「大清全盛之勢」的產物。沒有乾隆「以彰千古同文」的雄心壯志，高度重視，親自主持，沒有國庫存銀長期在六七千萬兩的「盛世」基礎，沒有

戴震像

盛京文溯閣

紀昀、戴震等等兩百多位飽學之士的群英薈萃的條件，沒有全國進呈和內府珍藏的一萬三千餘種珍貴典籍，《四庫全書》是不能出現的。其二，古代書籍的淵藪。《全書》共著錄書籍三千四百五十九種，七萬九千三百零九卷，三萬六千零七十八冊，存目書籍六千七百九十三種，九萬三千五百三十一卷，總計書籍一萬零二百五十二種，十七萬二千八百六十卷，幾乎囊括了乾隆以前中國歷史上的主要典籍，是最大的一部叢書，是中國傳統文化的總匯。其三，保存了大量古書，使不少已經遺失多年的珍貴古書重見天日，如《舊五代史》、《五曹算經》等等幾百種古書。其四，漢學躍居首位，乾嘉學風形成。乾隆中期以前，宋學仍佔統治地位。戴震等一批漢學家

乾隆寫本《欽定四庫全書簡明目錄》

紫禁城文淵閣

當上了纂修官、分校官，輯佚校勘，考核辨證，成就很大，朝廷轉而讚賞漢學，肯定其「發揮傳注，考核典章」的作用，予以優厚待遇，加上文字獄的頻繁，從而吸引和促使大量知識份子轉向漢學，幾至「家家許鄭，人人賈馬」，考據學急劇發展，迅速形成獨具特色的乾嘉學風。其五，促進了各門專科學術興盛。一是掀起了刊刻叢書的熱潮，出了《知不足齋叢書》、《小方壺輿地叢書》、《學津討原》等卷帙浩瀚刻印精良的叢書。二是輯佚工作普遍展開，輯佚成了一種專門的學問。三是校勘學發展到鼎盛階段，出現了王念孫、王引之父子的《廣雅疏正》、錢大昕、王鳴盛的《二十二史考異》和《十七史商榷》、阮元的《十三經注疏》等公認的名著。四是目錄學空前繁盛，湧現了大量目錄著作。

雖然《四庫全書》的編纂，在文化領域起了很大的影響，然而由於乾隆的極端自私和非常狹隘，在編纂過程中，竭力消除不利於專制君主統治的論述，宣傳尊華輕夷，做出了不少蠢事和壞

青玉《御筆文淵閣記》冊

事，以致嚴重地影響了此書的品質，帶來了惡劣影響。他主要採取了三項重大措施：一是查繳禁書，全部焚毀的書籍多達三千一百多種，十五萬部以上，還銷毀書板八萬塊以上；二是在《四庫全書》裏，或撤出銷毀，或刪削，或挖空抽換違禁之書與違禁內容；三是大興文字獄。下節我們再予詳細介紹。

文字冤獄的製造者

清朝由於是僻處邊遠的少數民族首領入主中原，又長期在人口比例上沒有擺脫「八十萬尼堪（漢人）」與「三萬諸申」懸殊太大的局面，直到康熙六十年（一七二一年），滿洲八旗男丁才有十五萬四千三百二十九丁，而全國漢人的男丁，僅官方冊籍的記載，就有二千五百三十八萬零二百零九丁，二者之間的比例是一比一百六十四，滿洲男丁太少太少了。這樣少得可憐的滿人的首領，能夠長期統治住一億兩億三億以上的漢人，世代爲君嗎？清帝當然是忐忑不安，疑心太重，生怕漢人造反，必然要竭力加強對漢人的統治和鎮壓。

乾隆古裝像

另一方面，中原地區長期以來就是封建君主專制的國家，其控制百姓的手段和傳統，勢必也會影響清朝皇帝，也會延續下來，有可能會更加專制。因此，用以恐嚇、威懾、鎮壓持有異見或不夠溫順的官員與知識份子的文字冤獄，較諸以往王朝，就更爲頻繁，更加殘酷，更無道理。康熙時莊廷瓏的《明史》案和戴名世的《南山集》兩大文字冤獄，都是針對作品中懷念明朝的民族意識而發生的。幾百人被誅戮充軍沒籍。雍正朝雖然只有十三年，但文字獄比康熙時還多，最大的是曾靜、張熙、呂留良案，一大批人被殺。

乾隆自詡明君，誇耀「大清全盛之勢」，更加容不下臣民的不恭，更加專制，製造的文字冤獄更多，更加擴大了文字獄的範圍，反清者殺，諷上者誅，連歌功頌德不得法者也被加上欺君大罪，就是一般詩文，也常因官府望文生義捕風捉影而被定成逆書叛案，少數歹徒更借此誣告良民，敲詐勒索。像安徽和州人戴移孝《碧落後人詩集》一案，作者係明末清初人，因其詩內有「長明寧易得」，「短髮支長恨」，「且去從人卜太平」

等句，被安徽巡撫閩鶚元定爲「悖逆遺書」，上奏朝廷，乾隆諭令嚴查。閩鶚元會同兩江總督薩載上奏，擬將戴移孝的曾孫戴世道按「大逆知情故縱隱藏者斬律」，處以斬立決，其餘戴用霖等子、孫、曾孫照「逆犯子孫緣坐律」斬立決，家屬發給功臣之家爲奴，財產入官。乾隆降旨：戴世道著即處斬，其緣坐之戴用霖等改爲斬監候，秋後處決。餘依議。

浙江仁和縣人監生卓長齡，生於順治十五年，卒於康熙四十九年，著有《高樟閣詩集》十卷，其子捐納州同卓征、生員卓敏、卓慎亦各有著作。因卓長齡等人詩內有「可知草莽偷垂淚，盡是詩書未死心。楚衽乃知原尚左，剃頭輕卸一層氈。」「髮短何堪簪，厭此頭上幘」等等字句，被閩浙總督陳輝祖定爲逆書，並奏准按「大逆律」，將已故的卓長齡等「剉碎其屍，梟首示眾」，其孫卓天柱等依「大逆正犯之子孫年十六以上皆斬律」斬立決，家眷依法嚴處。

乾隆還親自指定查辦一些案件，比較重要的是胡中藻、鄂昌一案。胡中藻是江西新建人，乾

養心殿內的「袖珍」書房——三希堂

隆元年進士，十三年二月至廣西任學政，十四年七月返京，著有《堅磨生詩抄》。乾隆讀過其詩後，認爲胡是「出身科目，名列清華，而鬼蜮爲心，於語言吟詠之間，肆其悖逆，詆訕怨望」，於二十年二月諭令廣西巡撫衛哲治將胡在學政時「所出試題及與人倡和詩文並一切惡跡，嚴行查出速奏」，若稍有姑容，則與衛哲治之身家性命有關。隨即又令有關省府追查有關人員。三月十三日，乾隆召見大學士、九卿、翰林、詹事、科道等官，對胡中藻之事下達專諭，嚴厲指責其「喪心病狂」，「悖逆譏訕」，「種種悖逆，不可悉數」。他在諭中舉了一些例子，加以批駁。一是集內所云「一世無日月」，「又降一世夏秋冬」。我朝定鼎以來，承平熙寧，遠逾漢唐宋明，乃曰「又降一世，是尚有人心者乎」。二是「又曰『一把心腸論濁清』」，加濁字於國號之上，是何肺腑？三是「老佛如今無疾病，朝門聞說不開開」。朕每日聽政，召見臣工，爲何會有朝門不開之語！等等。

青玉「三希堂精鑒璽」

乾隆又在這道諭旨中著重指出，胡中藻之所以如此目無王法，欺君悖理，是因爲其係大學士鄂爾泰的黨羽，故其詩中乃有「記出西林第一門」之句，攀援門戶，忝不知恥。甘肅巡撫鄂昌係鄂爾泰之侄，身爲滿洲世僕，見此悖逆之作，不但不知憤恨，且與之唱和，引爲同調，「其罪實不容誅」。著將胡中藻、鄂昌拿解進京問罪。不久，審查完畢，乾隆下諭說：胡中藻即行處斬。鄂昌負恩黨逆，勒令自盡。鄂爾泰生前讚賞胡中藻，其侄鄂昌與胡「援引世誼，親加標榜」，形成朋黨，

「使鄂爾泰此時尚在，必將伊革職，重治其罪，爲大官植黨者戒」。著將鄂爾泰撤出賢良祠。

其實，胡中藻的詩文很難說是諷刺清朝皇帝的。乾隆興辦此案的眞實目標，顯然不是就詩論事，而是襲用其父雍正帝之故技，舉詩文之案來懲罰自己想處治的大臣，通過誅戮胡中藻、鄂昌，來處罰鄂爾泰，禁止朋黨，抬高君威，達到乾綱獨斷的目的。

一些文人因對貪官污吏豪橫鄉紳不滿，書寫詩文，也遭到乾隆重懲，蔡顯的《閑閑錄》之案即係一例。蔡顯，號閑閑，江蘇華亭人，雍正舉人，先後刊行過自己的著作《宵行雜識》、《紅蕉詩話》、《閑閑錄》等書。因爲他在著作中對當地官員鄉紳的不法行爲有所揭露，一些官紳遂摘取書中一些詩句，對蔡顯進行陷害，指爲訕謗朝廷，蔡顯被迫於三十二年攜其著作向當地官員自首，希望官府代爲剖白，而當地官員竟以此將其問罪，擬以凌遲處死。乾隆審閱蔡顯著作後，又發現了一些問題，如《閑閑錄》對康熙、雍正年間的文字獄有所記載，且稱「戴名世以《南山集》棄世」，「錢名世以年案得罪」，還有一些「大逆不道」詩句，如「雨風從所好，南北查難分」，「莫教行化烏場國，風雨龍王欲怒嗔」，等等。又抄寫前人所作的《紫牡丹》詩句「奪朱非正色，異

鄂爾泰像

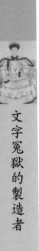

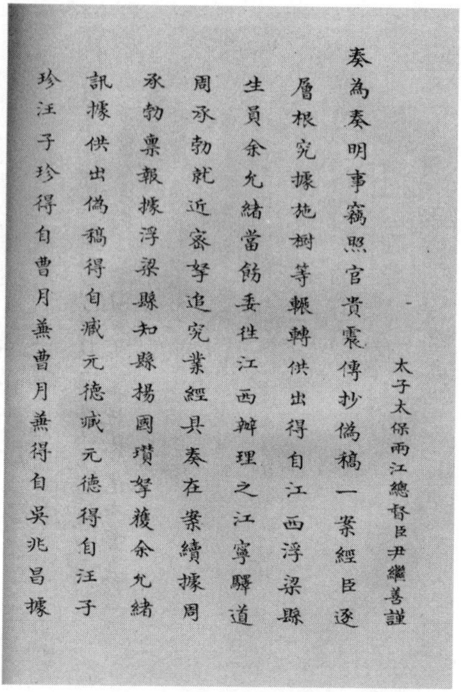
太子太保兩江總督臣尹繼善謹
奏為奏明事竊照官貴震傳抄偽稿一案經臣逐
層根究據施樹等輾轉供出得自江西浮梁縣
生員余允緒當飭委往江西辦理之江寧驛道
周承勃就近密拏追究業經具奏在案續據周
承勃稟報據浮梁縣知縣楊國瓚拏獲余允緒
訊據供出偽稿得自臧元德臧元德得自汪子
珍汪子珍得自曹月燕曹月燕得自吳兆昌據

乾隆十六年十二月，兩江總督尹繼善關於查辦「傳抄偽稿案」的奏摺

種盡稱王」。乾隆認爲這是蔡顯「有心隱躍其詞，甘與惡逆之人爲伍」，「實爲該犯罪案所係」，命將蔡顯立即斬首，其子蔡必照處以斬監候，所刊書籍通通銷毀，爲其書作序和幫助校刻的二十四位學者也遣戍邊遠。

也就是在這一年，發生了齊周華案。齊周華是浙江天臺縣的一位秀才，對時事和學術問題敢於發表個人意見，在雍正帝向天下生員徵求對處理曾靜、呂留良案子的意見時，他來到刑部，要求釋放呂留良的子孫，被押解回浙，嚴加鎖錮。在家鄉期間，他寫了《名山藏初集》等十餘種著作，刊刻於世。乾隆三十二年十月，齊周華求浙江巡撫熊學鵬爲這些書寫序言，官府對其書籍進行審查，發現其中有《獄中祭呂留良》一文，高度推崇呂留良，「比之夷、齊、孟子」，並且「廟諱御名，公然不避」。乾隆諭令將齊周華凌遲處死，銷毀其書，並嚴令追查爲其作序的一些學者。受此牽連，李紱、謝濟世、沈德潛等，或者是本人，或者是家屬，受到提訊。曾擔任過禮部侍郎的齊召南，因與齊周華是一族之親，又爲其《天臺山遊記》寫過跋文，被押解回籍，查抄家產，憂懼而死。

十年以後，又發生了徐述夔大案。徐述夔是江蘇東臺縣的舉人，著有詩文多種，死後其子徐懷祖將其遺作刊行，乾隆四十三年被仇家告發，布政使陶易認爲罪名不能成立，未予定罪。乾隆知悉後，查看原書，發現了許多反對清朝統治的罪證，如《詠正德杯》一詩中稱：「大明天子重相見，且把壺兒擱半邊。」《一柱樓》詩中稱：「明朝重振翮，一舉去清都。」乾隆認爲這是「係懷勝國，暗懷詆譏，謬妄悖逆，實爲罪大惡極」，下諭嚴加追查。徐懷祖父子被開棺戮屍，曾爲徐作序的禮部尚書沈德潛雖已逝世，也被撲倒墓碑，追奪官職、謚法，藏匿徐書的徐食田等人，以及辦理該案不力的布政使陶易、知縣徐躍龍等，通通處死。

據《清代文字獄檔》記載，乾隆年間的文字冤獄案數倍於康熙、雍正，大案多達六十餘起，的確是冤獄橫興，濫殺無辜。乾隆實行的這種文化專制政策，帶來了嚴重惡果，窒息了人們的思想，破壞了文化學術思想自由探

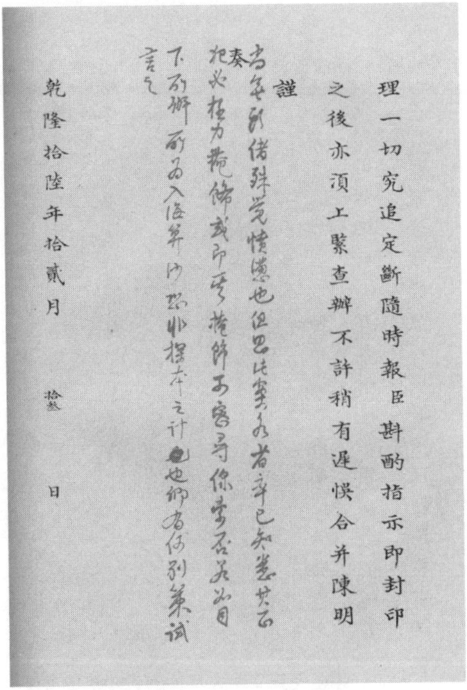
理一切究追定斷隨時報臣斟酌指示即封印之後亦須上緊查辦不許稍有遲悞合并陳明

謹

奏

乾隆拾陸年拾貳月 日

乾隆皇帝在尹繼善奏摺上的朱批

討勇於創新的優良傳統，使許多文人提心吊膽，不敢議論時政，不敢撰寫富有教育性質能爲前車之鑒的政治歷史書籍，而逃避現實，埋首於故紙堆，煩瑣的學風惡性膨脹，以致後來龔自珍發出了「避席畏聞文字獄，著書都爲稻粱謀」、「萬馬齊喑究可哀」的歎息。

死後受到文字獄牽連的老臣沈德潛像

英使馬戛爾尼入覲

乾隆五十八年（一七九三年）七月，英使馬戛爾尼來到北京，要求中國開放通商口岸，在北京設立使館，遭到清政府拒絕，失望之下於九月離京返英。對於這次外交談判，有的說，英使對乾隆行了三跪九叩的屬夷恭謁天朝大皇帝的大禮，有的說英使沒有這樣做，因此惹怒了皇帝，從而拒絕了英國的要求。究竟英使向清帝行了三跪九叩之禮沒有？英國提出的要求是什麼樣的性質？乾隆爲什麼要拒絕，該不該拒絕？以下逐一敘述。

馬戛爾尼像

馬戛爾尼有勳爵身分，是位任職很久經驗豐富的外交官，擔任過英國駐俄國聖彼德堡的公使，後來英國政府委任他爲孟加拉總督，他辭而未去。一七九二年英國政府委任他爲訪華全權特使，斯當東爵士爲副使兼秘書，率領官員兵丁役夫船員七百餘人，乘坐獅子號、豺狼號、印度斯坦號等五艘船隻，於一七九二年九月二十六日從普利茅斯港出發，通過英吉利海峽，往西朝中國方面航行。

這次英使訪華之際的中英貿易情形，根據副使斯當東編寫的《英使謁見乾隆紀實》的敘述，可以看出七個問題：貿易不斷擴大；數量十分巨大，僅一七九二年十六隻東印度公司的船運往廣東的貨物價值就高達白銀二百七十五萬餘兩；中國的茶葉是英國必需的無可代替的商品，英國及其殖民地每年要消費茶葉一千三百三十三萬餘磅；稅收很多，僅每年從中國運回一千多萬磅茶葉就可收稅七八十萬磅；逆差太大，英國每年需要拿幾十萬鎊金銀支付中國貨物；降低成本，需要多口通商；潛力巨大。

據斯當東的看法，保護英商對華貿易，擴大中英貿易，是英使來華的緣由，「使節團是爲了商業的目的而去的」。

在馬戛爾尼使團啓程之前，英國東印度公司董事長弗蘭西斯．培林爵士給署兩廣總督、廣東巡撫郭世勳寫了一封信，用英文和拉丁文各寫一份，通知馬戛爾尼勳爵奉命訪華。在這封信裏，培林爵士說：「最仁慈的英王陛下聽說貴國皇帝慶祝八十萬壽的時候」，「爲了對貴國皇帝樹立友誼，爲了改進北京和倫敦兩個王朝的友好來往，爲了增進貴我雙方臣民之間的商業關係，英王陛下特派遣自己的表親和參議官、賢明幹練的馬戛爾尼勳爵作爲全權特使，代表英王本人謁見中國皇帝，深望通過他來奠定兩者之間的永久和好。」從這封信的行文方式、用詞和口氣看，都是按雙方是一樣的地位、是平等的關係來敘述的，英王和清帝都是大國之主，地位相當，不是君臣之間的隸屬關係，只想平等地經商牟利，並非乞沐皇恩。郭世勳當然不敢如實地翻譯和轉奏，便把英文、拉丁文的信函原件呈上，又將信譯成漢文，作了修改，把平行口氣譯成下對上、外夷對天朝的稟帖口氣。其譯文爲：「英吉利總頭目官、管理貿易事百靈謹稟請天朝大人鈞安。敬稟者，我國王兼管三處地方，向有夷商來粵貿易，素沐皇仁。

《皇清職貢圖》之「英吉利國人」

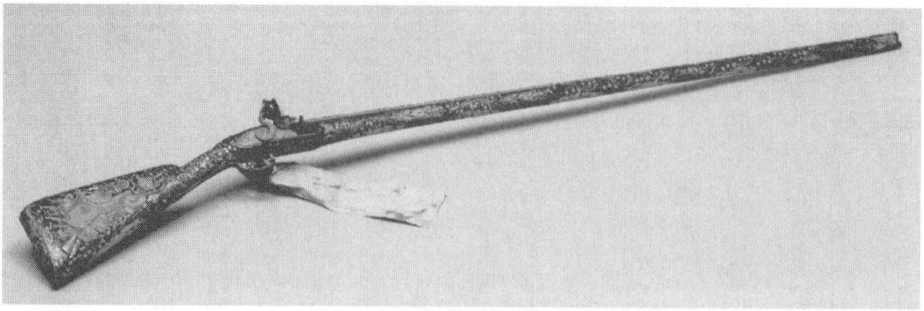

馬戛爾尼進獻的火槍

今聞天朝大皇帝八旬萬壽，未能遣使赴京叩祝，我國王心中惶恐不安。今我國王命親信大臣，公選妥幹貢使馬戛爾尼前來，帶有貴重禮物進呈天朝大皇帝，以表其慕順之心，惟願大皇帝恩施遠夷，准其永遠通好，俾中國百姓與外國遠夷同沾樂利，物產豐盈，我國王感激不盡。」

乾隆於五十七年十月二十日之前看到郭世勳的奏摺及培林爵士之信的譯稿，以爲強大的遠夷國王遣使前來，爲己祝壽，非常高興，連續下諭，命令廣東及沿途官員好好接待，優遇使者，其攜來貨物，「免其納稅」，供給上等充分食物，「賞給一年米石」。但是，他也強調，貢使必須實行藩國見天朝大皇帝的三跪九叩之禮。英使不願，雙方爭執談判，最後議定，英使以謁見英王行單腿下跪的禮節，謁見中國皇帝。

乾隆十分惱怒，下諭指責貢使妄自尊

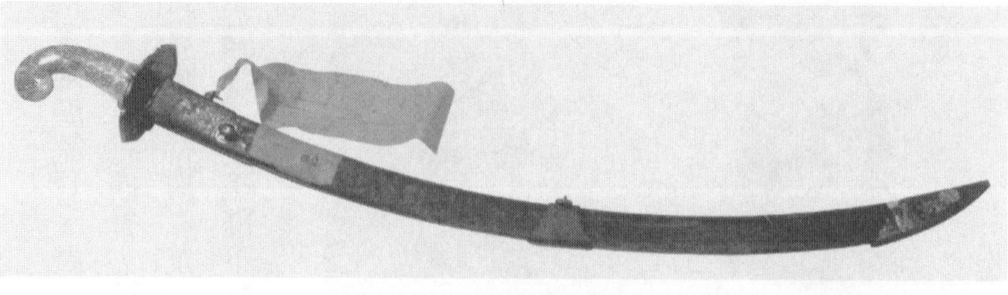

馬戛爾尼進獻的腰刀

大，命令接待不須如前優待。五十八年八月初十日，乾隆在避暑山莊萬樹園接受馬戛爾尼入覲，馬戛爾尼「單腿下跪」行禮。十三日舉行乾隆八十三歲的祝壽大典，馬戛爾尼一行與緬甸國使臣和蒙古王公一起，向皇帝祝壽，「全體祝壽人員根據指揮行三跪九叩禮」，馬戛爾尼及其隨從「行深鞠躬禮」。

馬戛爾尼拜訪了中堂和珅，詳細說明英國政府的「和平仁愛政策」，對發展中英貿易提出了八項要求。

乾隆於八月十九日，就英使之事，寫了兩道諭旨，但未立即下達，延遲到九月初一日，由和珅遣人，恭奉諭旨，以及送給英王及使節團的禮物，送到承德英使住處。禮品很多，英王、正使、副使、司令官、船長、官兵、船員、僕人、廝役，以及留在浙江的官員、船長、船員、兵士，都得到了優厚的禮品，尤其是賜給英王的禮

乾隆接見英國使團（英國銅版畫）

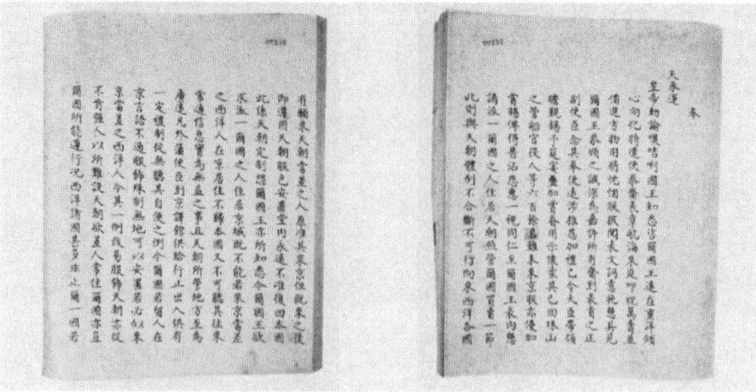

乾隆給英國國王的上諭檔案

品，又多又「俱係中國出產的精品」。

乾隆給英王的敕諭共有兩道。第一道敕諭是正式國書性質的，主要是講英王「傾心向化」，遣使來庭，「恭齎表章」，「叩祝萬壽」，「備進方物」，故特許使臣朝覲，賜宴賞齎，並賞賜其隨行人員及通事兵役。現使臣返國，特頒敕諭，並賜齎英王「文綺珍物」。同時，這道敕諭還專門講了，英王表內請派一人留京照管英國買賣的要求不能批准的各種理由。

英國還提出了七項要求，即：多口通商，可到寧波、珠山、天津、廣東地方交易；在北京設立英國商行；在珠山附近給一小島；撥給鄰近廣州的一塊地方；英國貨物自廣東到澳門免收稅或少收稅；英船照其他地方稅

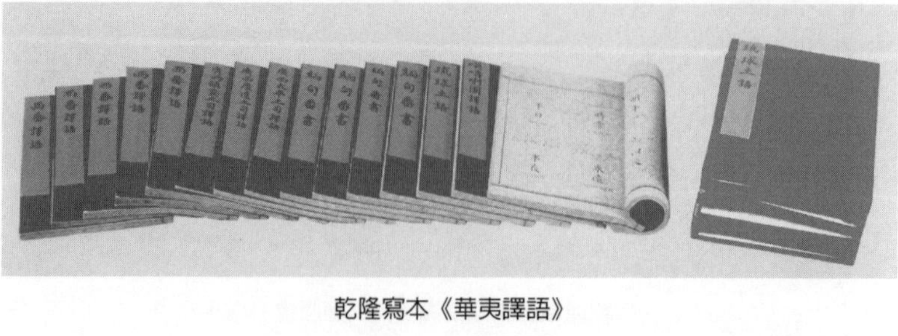

乾隆寫本《華夷譯語》

率交稅；允許英國傳教士在中國自由傳教。

乾隆在第二道敕諭中對英國提出的要求，逐條列舉理由駁斥，不允其請。

以上八項要求，如果單就具體要求來看，有些是應該斷然拒絕的，如要求撥給珠山、廣東一塊土地，這涉及國家領土主權問題，當然要予以駁斥。免稅減稅的要求也不合理，不能允准。至於多口通商，在京城設立英國洋行和使館，傳教士在華傳教，等等，單獨來看，似乎並不過分，雙方都有好處，不應一律拒絕，乾隆如果僅因爲英使沒有三跪九叩，就這樣處置，未免太小器了。但是，設若聯繫到當時的歷史客觀條件，看看英王給乾隆的信的比較準確的翻譯和有關資料，便可以作出另外一種解釋，看出五個問題：

其一，英王喬治三世是比乾隆更加乾隆的君主。他也自詡爲「奉天承運」「擁有本國已經足以滿足一切需要的非常廣大領土」的君主，他立志造福於全人類，「促使全人類同受其惠」。這和乾隆自誇天朝大皇帝，有何不同？當然，遠隔萬里，區別還是有的：一是喬治三世比乾隆還多了一點自知之明，謙遜一點，他還把中國

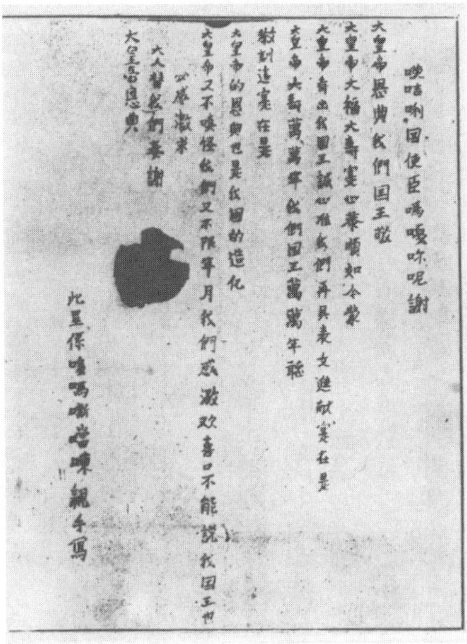
嘆咭唎国使臣嗎嘎咊呢謝
大皇帝恩典我們国王敬
大皇帝大福大壽實心恭順如今蒙
大皇帝賞我們国王誠心准我們再具表文進獻實在是
大皇帝大福萬萬年我們国王萬萬年稔
感激遠塞在是
大皇帝的恩典也是我国的造化
大皇帝又不嗔怪我們又不限年月我們感激歡喜口不能說我国王也
必感激求
大人替我們奏謝
大皇帝恩典
九呈佐嗎嘎啲嘻嘹親手寫

馬戛爾尼謝恩書

英國人眼中的圓明園正大光明殿（銅版畫）

當作是與己同等的國家，英王與清帝，旗鼓相當，不分伯仲，不像乾隆自視爲天下共主，將英王當爲遠夷強酋。二是英王是更加乾隆化的帝王，他此時正銳意進取，大力擴張，「軍事威力」「遠及世界各方」，戰勝一切反抗的國家。而乾隆現在卻固步自封，不再開疆拓土。

其二，英王堅決支持擴大對華貿易，保護英商利益，謀求得到超過其他國家的特權。

其三，不等價交換的趨勢有可能迅速加強。英國很多商品價廉物美，擴大對華出口，定會獲得高額利潤，像鐘錶，在中國「售價最高」，「這些玩物源源不斷地由私商運進中國，價值已達一百萬英鎊之巨」。

其四，鴉片輸華迅速增加，在乾隆五十七年，偷運到中國的鴉片，價值已達二十五萬英鎊之多。

其五，英國必將對華宣戰。英王自詡軍事威力遠及世界各地，屢戰屢勝，豈能接受談判失敗要求落空的事實？爲了報復清帝的傲慢和對英國的輕視，爲了「達到促進商業利益」的目的，擴大對華貿易，獲取巨額利潤，英國政府必將在時機成熟之時，發動侵華戰爭。

考慮到這些問題，便可看出，乾隆帝拒絕英使的要求，是有其歷史的、實際的原因，是經過深思熟慮而作出的嚴肅決定，不應對其輕易地全盤否定。當然，乾隆的盲目自大，對西方情形的無知，閉關保守的對外政策，也是應該予以批判和否定的。

在乾隆的嚴諭督促下，馬戛爾尼一行由欽差大臣松筠陪同（實即護送）下，於五十八年九月初離京，一七九四年（乾隆五十八年）九月六日到達兩年前始發港普利茅斯港，結束了使華之行。

英國人眼中的承德「小布達拉宮」（銅版畫）

作品最多的詩人

乾隆皇帝弘曆天資聰穎，性格剛強，勤奮好學，幾十年如一日，因而不僅能善理國政，指揮征戰，並且學識淵博，武藝高超，詩、文、書、畫、語言兼長，著作等身，這一切又爲他勤理國政，創造「文治武功」，提供了非常有利的條件。

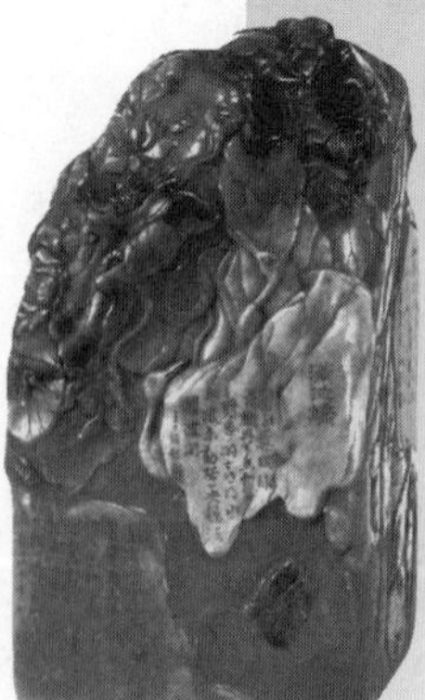

乾隆有很高的語言資賦，精通滿文漢文。爲了完成用兵準、回，兩征金川，安定西藏的宏偉事業，他「自乾隆八年以後，即誦習蒙古及西番字經典」，一直持續五十餘年，研討不停。他又學習「回語」（維吾爾語）」和「唐古特語」（藏語），從而成爲當時罕有的通曉滿、漢、蒙、維、藏及安多（藏語的四川西北部方言）等多種語言文字的語言學者。這對他的治政用兵起了很大作用。史稱其與「番酋」會見時，能用「番」語交談，「重譯朝見，告語如一家」。

乾隆非常喜歡書法和繪畫，造詣較高，長期書寫畫畫不倦，內而北京皇宮，外而名山古蹟，所到之處，無不握筆題字，墨跡之多，罕與倫比，他可算是題字遍天下、流傳千百年的書法家。現將其在巡幸江陵時題寫的兩副匾聯錄寫於下：

龍潭行宮：

攬勝龍潭

岡巒縈繞桑麻富

洲渚參差槳通

明陵：

開基定制

勘亂安民得統正還符漢祖

立綱陳紀遺模遠更勝唐宗

乾隆著有大量文賦，僅編成的《御制文集》就有三集，共一千三百五十餘篇。這些文章固然有不少是逢場作

乾隆《秋景寫字圖》

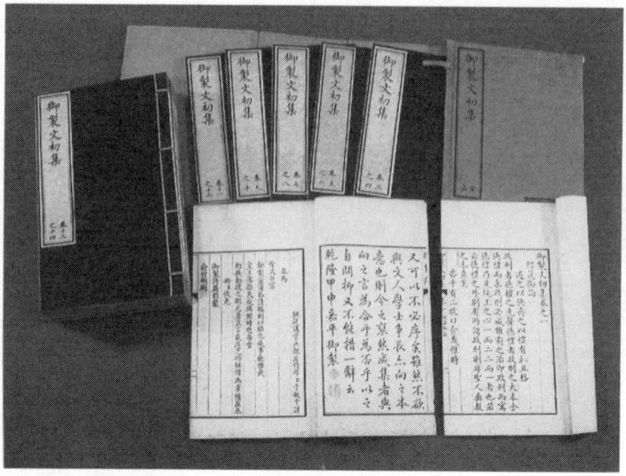

乾隆《御制文集》

戲敷衍成篇的，但也有許多具有重要的政治意義和歷史價值。比如，他於乾隆五十八年（一七九三年）寫了一篇《御制喇嘛說》，現引錄幾句：

「蓋中外黃教，總司以此二人（達賴、班禪），各部蒙古一心以歸之，興黃教即以安眾蒙古，所係非小，故不可不保護之，而非元朝之曲庇諂敬番僧也。」

「予制一金瓶，送往西藏，於凡轉世之呼畢勒罕，眾所舉數人，各書其名，置瓶中制簽以定。」

全文不過七百餘字，卻講明了清政府「興黃教即安眾蒙古」的基本政策，以及創立金奔巴瓶制的原因和意義，文字不多，論證有力，邏輯嚴密，確是佳作。

乾隆吟寫的詩數量更大，其御制詩有五集，四百三十四卷，收詩四萬一千八百餘首，還有當太上皇時的《御制詩餘集》，收詩七百五十首，他當皇子時的《樂善堂全集》，也載了大量的詩，總計其詩約有五萬首，數量之多，歷史上還無人能與其相提並論，他可算是中國作詩最多的詩人。

乾隆的詩，與其文賦一樣，有不少是應時之作，水準不高。比如，他南巡時遊覽江寧、蘇州、杭州、揚州的名勝古蹟，寫了許多詩，其中不少是應興即景，隨手塗鴉，千篇一律。像在南京寫的《曲水用謝惠連韻即效其體》：

樂遊古名苑，聞在城東郭。
過已尋曲水，餞春餘修薄。
懷古緬觴詠，征今只泉壑。
行漏促歸鑾，煙林噪午爵。

這類詩，無論是內容、思想和藝術，都沒有可取之處，只能落入下乘。但是，整體而言，乾隆的詩，很多是紀實之作，包含了相當豐富的內容和深刻的政治含義，或述某事某制，或言己之政見，或爲爭取漢人名流學者，或臧否人物評論史事，從政治、歷史角度看，還是頗有價值的。他自己便曾多次講述詩要有所爲而作，不能「競尚浮華」，「徒以藻績爲工」。他於乾隆五十三年三月十九日爲此下達專諭說：「朕所作詩文，皆關政教，大而考鏡得失，小而廑念民依，無不歸於紀實。御制（詩）集具在，試隨手批閱，有一連十數首內專屬尋常流覽吟風弄月浮泛之詞，而於政治民生毫無關涉者乎？」

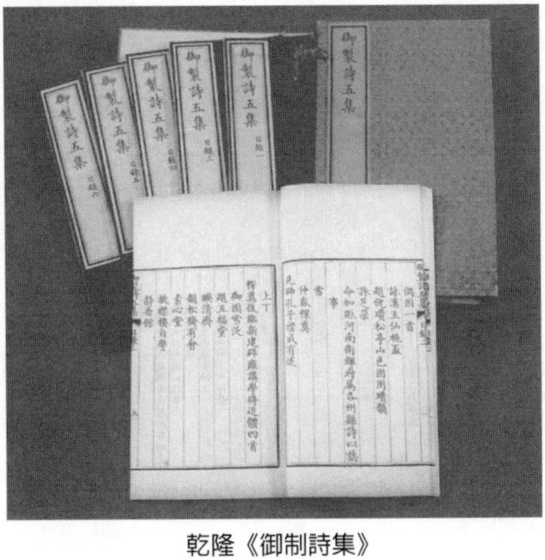

乾隆《御制詩集》

乾隆此言，大體上還是符合實際的，他的詩記述了軍、政、財、文、外交、民族等各個方面的情形。比如，賑災蠲賦：

《御制降旨分別蠲免河南開封等府州屬正賦及帶徵積欠錢糧志事詩》（乾隆五十年五月）：

河南五百里馳郵，將謂甘雨被豫州。
批閱乃覆奏諭旨，弗增慰念仍增愁。
馳折以月之廿九，此沾霈彼未蒙庥。
昨爲衛輝雖蠲賦，不無鄰郡向隅憂。
因命方伯查詳悉，茲乃一一陳厥由。
十分之三或其五，二府正賦免課收。
及予緩徵之舊欠，視災輕重次第酬。
俾我窮黎少蘇息，祁優霖被補種秋。
從來救災無善政，盡予心力勤咨諏。

又如乾隆五十一年三月聞安徽太湖縣唐家山民以黑米充饑而寫的《御制志事詩》：

草根與樹皮，窮民御災計。
敢信賑恤周，遂乃無其事。
茲接安撫奏，災黎荷天賜。

昌化石「乾隆宸翰」璽

挖蕨聊糊口，得米出不意。
磨粉攙以粟，煮食充饑致。
得千餘石多，而非村居地。
縣令分給民，不無少接濟。
並呈其米樣，煮食親嘗試。
嗟我民食茲，我食先墜淚。
乾坤德好生，既感既滋愧。
愧感之不勝，遑忍稱爲瑞。
郵寄諸皇子，令皆知此味。
孫曾元永識，愛民悉予志。

乾隆還寫了不少描述「十全武功」的詩句，比如，二十三年十一月，當他得知定邊將軍兆惠被回部大小和卓圍困於葉爾羌城外的黑水營時，寫下了五言長詩一首，以記其事，讚揚將帥士卒的英勇，表示要予以記功行賞。其詩是：

我軍取烏什，酋長款復獻。
元戎乘良機，率眾直前進。
怎奈隆冬時，枯草經蹂躪。
從此馬不肥，奚堪供斫陣。

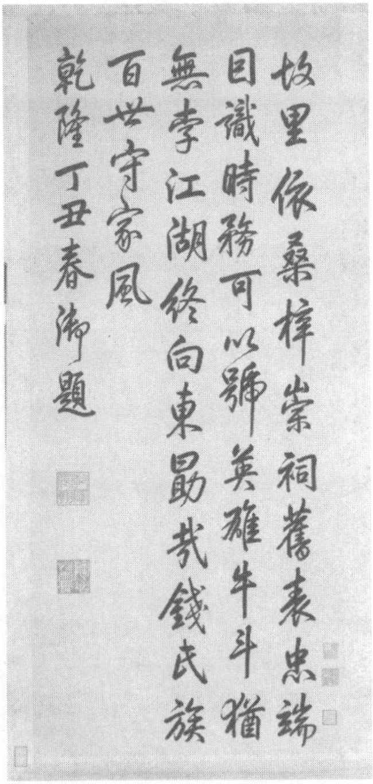

乾隆手書《表忠觀詩軸》

沉臨彼巢穴，螳臂孤奮注。
借一誘我軍，萬騎逞驅趁。
我師才千餘，鼓勇無退寸。
橋圮度四百，忠義人爭勸。
殺賊至千餘，矢盡接短刃。
涉淖退保營，相持城下頓。
壯士遴七人，星馳兩致信。
舒赫德留守，諸回靜以鎮。
羽檄催後師，繼進其飆迅。
畢齊阿克蘇，赴援雪深恨。
夷考兵以來，曾無遭挫衄。
此番客主殊，不幸致事僨。
兆惠稱輕敵，請罪誠不吝。
此非退縮比，誰逆料利鈍。
終能寡勝眾，允由效忠藎。
奚忍更加罪，褒嘉章服晉。
諸臣諸軍士，行賞以功論。

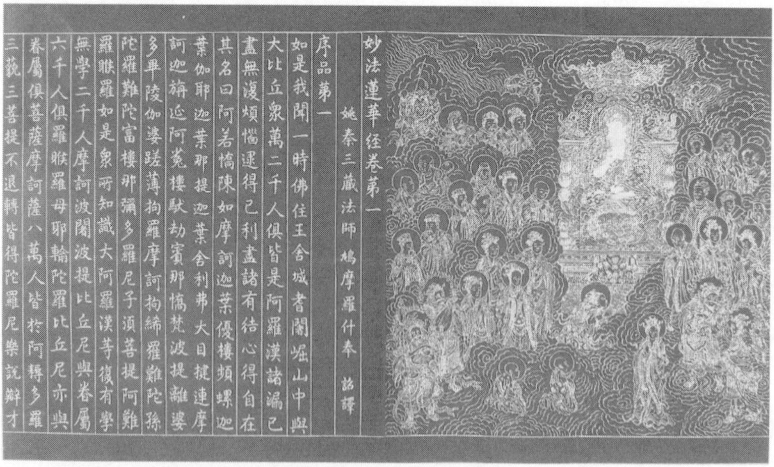
妙法蓮華经卷第一
姚秦三藏法師鳩摩羅什奉　詔譯
序品第一
如是我聞一時佛住王舍城耆闍崛山中與
大比丘眾萬二千人俱皆是阿羅漢諸漏已
盡無復煩惱逮得己利盡諸有結心得自在
其名曰阿若憍陳如摩訶迦葉優樓頻螺迦
葉伽耶迦葉那提迦葉舍利弗大目揵連摩
訶迦旃延阿㝹樓馱劫賓那憍梵波提離婆
多畢陵伽婆蹉薄拘羅摩訶拘絺羅難陀孫
陀羅難陀富樓那彌多羅尼子須菩提阿難
羅睺羅如是眾所知識大阿羅漢等復有學
無學二千人摩訶波闍波提比丘尼與眷屬
六千人俱羅睺羅母耶輸陀羅比丘尼亦與
眷屬俱菩薩摩訶薩八萬人皆於阿耨多羅
三藐三菩提不退轉皆得陀羅尼樂說辯才

乾隆御書《妙法蓮華經》

晝夜促後軍，直前金鼓振。
欲借士敵愾，仰冀天助順。
捷音共春來，平回鴻績建。

這些詩就其音韻格律而言，水準是不高的，有的簡直談不上是詩，但其表述的內容，還是不貧乏的，體現了乾隆勤政「愛民」的精神，記述了一些可貴的事實，就此而論，這些詩還可算是中上之作。

當然，乾隆再聰明再勤奮，也不可能在日理萬機的情況下寫出五萬首詩和一千餘篇文章，他之所以能如此的多產，是因爲有一些文人學者爲其捉刀或潤色。有些詩，他只是寫了一二句，「謂之詩片」，就叫人謄寫補齊，有的詩文則口授其意令人代作，像大學士劉統勳、劉綸、于敏中（狀元）、協辦大學士汪由敦、禮部侍郎沈德潛、內閣學士錢陳群等大詩人、大學者、書畫名家，皆係乾隆之得力詞臣。探花、軍機章京、大學者趙翼亦曾參與其事，對皇上之才學極爲讚佩，對此寫道：「上聖學高深，才思敏贍，爲古今所未有。御制詩文如神龍行空，瞬息萬里。」「或作書，或作畫，而詩尤爲常課，日必數首，皆用硃筆作草，令內監持出，付軍機大臣之有文學者，用摺紙楷寫之，謂之詩片。」「余直軍機時，見詩片乃汪文端（汪由敦）所書，其後劉文正（劉統勳）所書，其後劉文定（劉綸）繼之。由詩片抄入詩本，則內監之職。迨於文襄（于敏中）供奉，並詩本亦手自繕寫

乾隆皇帝繪《多祿圖》

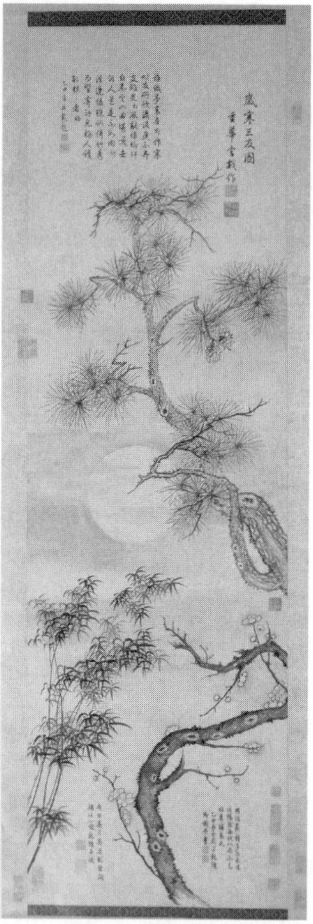

乾隆繪《歲寒三友圖》

矣。御制詩每歲成一本，高寸許。」

原禮親王昭槤亦於《嘯亭雜錄》卷一中頌揚乾隆寫詩之多學識淵博說：「純廟天縱聰睿，攬讀淵博」，「每一詩出，會儒臣注釋，不得原委者，許歸家涉獵，然多有翻擷萬卷莫能解者」，然後乾隆舉出其出處，「以搏一笑，諸臣莫不佩服」。

乾隆還喜歡賞鑒字畫古玩，且有很高的水準。昭槤十分稱讚乾隆鑒識之精及其非常珍視珍貴書籍字畫。昭槤說：乾隆「賞鑒書畫最精」。有一次，他尋獲宋刻《後漢書》及《九家杜注》，十分愛惜，命宮廷畫家「寫御容於其上」。覓得《岳氏五經》，特爲它修建五經萃室以貯存。他喜歡馬和的《園風圖》，歷時數十年方才找全，特別將它藏於學詩樓。

孝賢皇后之死與「剃頭案」

孝賢皇后，是乾隆的第一位中宮皇后富察氏。有的野史說，乾隆東巡回鑾，駐德州，在舟中宴飲淫樂，被皇后知曉進諫，帝暴怒，辱罵皇后，富察氏羞憤交加，投河而死。其實，這是後人編造杜撰，並非事實，乾隆與富察氏的感情是很好的。

富察氏出身名門世家，其曾祖父哈什屯從太宗征戰有功，襲牛錄，任禮部副理事官。順治時，堅決擁護故主之子年幼皇帝福臨，不附從攝政王多爾袞，因忠因功不斷晉升，任至官階從一品的內大臣、議政大臣，晉封一等男，加太子太保。富察氏的祖父米思翰是康熙帝的親信大臣，歷任內務府總管、禮部侍郎、戶部尚書，兼議政大臣。富察氏的父親李榮保襲父世職，任至察哈爾總管。李榮保之兄馬齊蒙康熙賞識寵信，歷任巡撫、左都御史、兵部尚書，兼議政大臣，康熙三十八年晉大學士，後又晉二等伯。李榮保之弟馬武，歷任內務府總管、都統、領侍衛內大臣，官階正一品。

乾隆古裝寫經像

富察氏於雍正五年被冊封爲皇四子弘曆的嫡福晉，乾隆二年立爲皇后。富察氏孝順太后，與乾隆相處融洽，爲乾隆敬重。史稱其「上侍孝聖憲皇后，恪盡婦職。正位中宮十有三載，珠翠等飾，未嘗佩戴，惟插通草織絨等花，以爲修飾。」又以金銀線索緝成佩囊，殊爲暴殄用物，「故歲時進呈純皇帝荷包」，唯以鹿羔絨毛緝爲佩囊，「仿諸先世關外之制，以寓不忘本之意」，帝「每加敬禮」。大學士阿桂曾對孝賢皇后篤愛皇上之情，講了這樣一件事：「純聖壯年，曾患癤，甫癒，醫云：須養百日，元氣可復。孝賢皇后聞之，每夕於上寢宮外居住奉侍，百日滿後，始回宮。」

富察氏生有兩個兒子兩個女兒。大兒子生於雍正八年，雍正帝十分高興和喜愛，賜其名爲永璉，「隱然示以承宗器之意」。乾隆即位不久，即降旨秘密立儲，將永璉定爲儲君，其旨藏於乾清宮正大光明匾後。可惜永璉無福享受，於乾隆三年九歲時死去，追贈爲端慧皇太子。富察氏的小兒子永琮，排行第七，生於乾隆十年，乾隆帝對他十分寵愛，決定立爲太子，讓他將來繼承皇位，但永琮得了天花，剛剛兩歲便夭折了。富察氏萬分悲痛，每日以淚洗面。爲了減輕皇后悲痛，乾隆偕皇后東巡泰山，而富察氏終因悲傷過度，又於途中感受風寒，十三年十月十一日病死於德州船上，享年三十七歲。

乾隆十分悲痛，諭令大辦喪事，典禮極爲隆重，皇后梓宮送到北京長春宮，乾隆親自臨視，皇子祭灑，王以下官員齊集舉哀行禮，罷朝九日，諸王以下文武官員俱齋宿二十七日。

乾隆「深爲哀慟」，親作悼詩，詩中有「慈聖深憶孝，宮壼盡稱賢」，並下諭對富察氏謚

孝賢皇后像

以「孝賢皇后」。

乾隆又親寫《述悲賦》：

《易》何以首《乾坤》？《詩》何以首《關雎》？惟人倫之伊始，因天儷之與齊。念懿后之作配，二十二年而於斯。痛一旦之永訣，隔陰陽而莫知。昔皇考之命偶，用掄德於名門。俾逑予而屍藻，定嘉禮於渭濱。在青宮而養德，即治壺而淑身。縱糟糠之未歷，實同甘而共辛。乃其正位坤寧，克贊乾清。孝慈闈之溫清，爲九卿之儀型。……嗟予命之不辰兮，痛元嫡之連棄。致黯然以內傷兮，遂邈爾而長逝。……嗚乎，悲莫悲兮生別離，失內位兮孰予隨？入椒房兮闃寂，披風幄兮空垂。春風秋月兮盡於此已，夏日冬夜兮知復何時？

孝賢皇后像屏

孝賢皇后之死及三個月前嫡子永琮之殤，使乾隆悲痛萬分，因而性情暴躁，對辦理喪儀欠妥，不敬皇后之人嚴加懲責。大阿哥永璜因迎喪失禮，遭帝痛斥，致其哀愁氣憤，不到兩年即命喪黃泉。管理翰林院的刑部尚書阿克敦，以大行皇后冊文誤將「皇妣」譯爲「先太后」滿文，而被判處斬監候，刑部尚書、侍郎盛安等官全部革職留任。工部尚書、侍郎因辦理皇后冊寶「製造甚屬粗陋」，而均遭譴責，侍郎索柱連降三級。

一批官員因「違制」於百日之內剃髮，而發生了「剃頭案」，遭到嚴懲。知府金文淳就成了「剃頭案」中之第一案。

滿洲習俗，男子將頂髮四周邊緣剃去寸許，這四周剃去的頭髮，除了父母之喪及國喪以外，不准養長，應時時剃去，名爲剃髮或剃頭，但在喪事期間，則不能剃。

孝賢皇后富察氏於十三年三月十二日去世後的「喪儀」規定，「在京王公百官，咸縞素二十七日，百日剃頭」。六月二十二日，因奉天錦州府知府金文淳、山東沂州營都司姜興漢於孝賢皇后喪事百日之內剃頭，被巡撫、副都統題參，乾隆下諭，嚴令懲辦，並將此禁載入會典。諭旨說：「本朝定制：遇有國恤，百日以內均不剃頭，倘違例私犯祖制，立即處斬。」「此百餘年來，人所共遵，不待傳諭而後曉，是以會典律例，皆無明文。」「嗣後將國恤百日內不得剃頭，違者立即處斬之處，載入會典律例，令人共知遵守。」

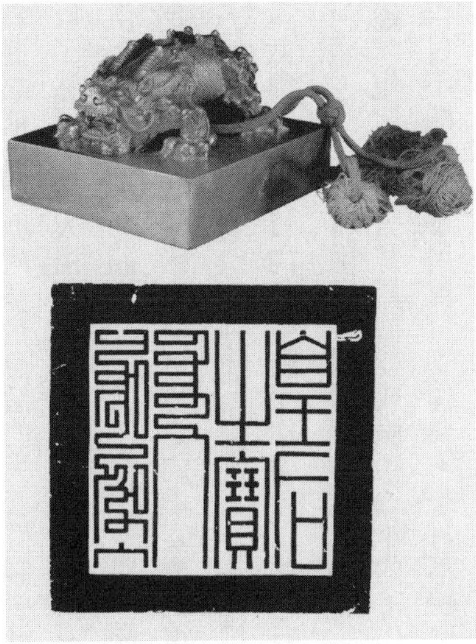
金質「皇后之寶」

乾隆要將國恤百日之內剃頭者處以死刑，並載入會典，其決定性的根據是「祖制」。可是，這個依據是沒法成立的，因爲，根本就沒有這樣的百年以來人所共遵的「祖制」。看看

皇帝及其后妃死後使用的陀羅經被

在此之前清朝歷代皇帝皇后的大喪儀制，就可一目了然了。清太祖高皇帝努爾哈赤逝世時，沒有臣民服儀制的記載。太宗皇太極的喪葬儀制規定，臣民截髮辮，官員百日之內不宴會，軍民十八日之內不宴會。順治帝福臨的「大喪儀」，官員截髮辮，百日內不嫁娶不作樂，軍民一月之內不嫁娶，百日不作樂。康熙帝玄燁去世的「大喪儀」規定，王公官員截髮成服，一年內不作樂，百日不嫁娶，軍民百日不作樂，一月不嫁娶。雍正帝的大喪儀與此類似。以上五位皇帝「駕崩」後的「大喪儀」，不管是諭旨，還是會典律例，通通沒有百日之內不許剃頭違者處死的規定，可見乾隆諭旨所說「本朝定制：遇有國恤，百日以內均不剃頭，倘違例私犯祖制，立即處斬」，是無中生有虛構之言。歷史事實表明，清朝沒有這樣的「祖制」，沒有這樣的「本朝定制」。

至於皇后的「大喪儀」，也沒有剃頭者正法的禁令。乾隆以前，順治、康熙、雍正三朝，以

后妃頭飾——金鑲珠九福挑頭

皇后身分逝世的共有五位，她們是順治帝的孝獻章皇后棟鄂氏，康熙帝的孝誠仁皇后赫舍里氏、孝昭仁皇后鈕祜祿氏、孝懿仁皇后佟佳氏，雍正帝的孝敬憲皇后。五位皇后的喪儀基本相同，王公官員二十七日內不嫁娶不作樂，都沒有百日之內不許剃頭的禁令。

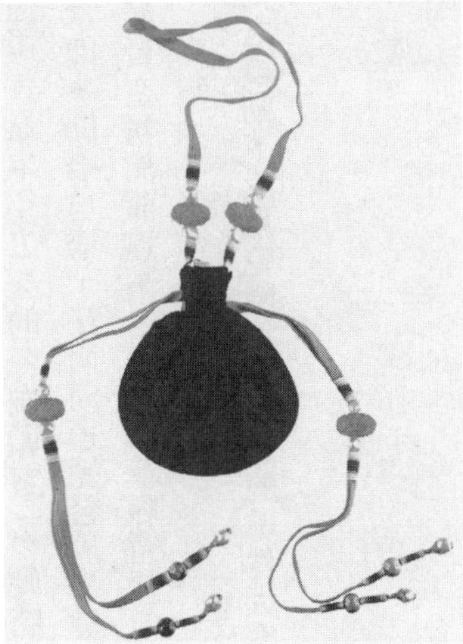

后妃使用的鑲珠青緞荷包

乾隆以前有四位皇太后和一位太皇太后去世，其中三位皇太后和一位太皇太后的「喪儀」都沒有百日之內不准剃頭的禁令，只有順治帝的第二位皇后博爾濟吉特氏被康熙尊爲孝惠皇太后的「喪儀」才有「俟四月初七日後（即百日以後），始行剃頭」的諭旨。但一則此諭旨未明確規定違此諭旨如何懲治，是斬首，是絞殺，是流徙，還是杖責，沒有明說，不能將它與斬立決畫等號。再則此諭已是康熙五十六年的諭旨，離乾隆十三年僅僅不過三十來年，不能當作是乾隆所說「百餘年來，人所共尊」的「祖制」。三則此乃皇太后之「喪儀」，怎能

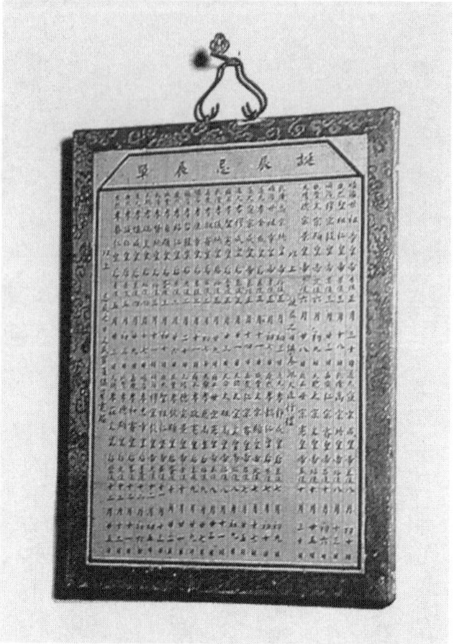

懸掛於養心殿內的帝后誕辰、忌辰表

當作皇后的喪儀來辦！

還要看到，即便乾隆費盡九牛二虎之力，硬要套上不剃頭者斬的所謂「祖制」，他也不能據此來處罰違禁剃頭者以死刑，因爲總理喪儀的王大臣和禮部，在告知各省督撫的訃告中，並未將此百日之內不許剃頭違令者斬的新禁令向各省「傳諭」。常言道不知者不罪，這又哪能責怪外省官員故意違禁呢！

可是，不管多麼的無理無據，乾隆卻製造了長達半年之久的「剃頭案」，硬將一些百日之內剃頭的官員嚴加重懲，將湖廣總督塞楞額革職拿問，勒令自盡，江南河道總督周學健革職自盡，湖北巡撫彭樹葵、湖南巡撫楊錫紱因係追隨上司滿員塞楞額而違禁，從寬，革職留任，錦州知府金文淳革職，發往直隸修派城工，「贖伊重罪」。

國喪期間的「剃頭案」，就這樣折騰了半年，朝野爲之震動，成爲乾隆年間政局的一件大案。

香妃入宮之謎

香妃，是中國民間家喻戶曉深受大眾喜愛讚賞的美女。有不少的小說、演義、野史、戲劇、電視劇描述了她的身世、遭遇和感情經歷，甚受讀者觀眾歡迎。但是，歷史上究竟有無香妃其人？她和乾隆有無關係？結局如何？

乾隆皇帝與「香妃」

還是有不同的表述，有些說法甚至是無中生有，胡編杜撰，荒誕無稽。有的說，香妃是回部的王妃，美豔絕倫，身有異香，乾隆聞聽其美，派軍征回，奪取香妃，收入宮內。香妃爲報夫死國亡之仇，矢志守節，暗藏利刃，欲圖乘機刺殺乾隆，被皇太后勒令自盡。此說雖然頗爲流行，但卻漏洞百出，荒唐可笑，姑舉二事以駁之。一則當時的回部，不是君主制度，城村眾多的回部，是和卓伯克分主各城，大小和卓總司其政，既沒有國，又沒有王，哪來什麼王妃？再則人們所說的香妃，就是乾隆的容妃霍卓氏（即和卓氏），她是回教（伊斯蘭教）始祖派噶不巴爾的後裔，與當時回教的教主大小和卓是很親近的族人，這樣同一祖父或曾祖父的近支族人，怎能成爲小和卓之妻！

容妃霍卓氏，世居葉爾羌，父親係阿里和卓。因爲不滿大小和卓霍集佔弟兄欲搞封建割據反對清朝，容妃和卓氏之兄圖爾都將全家遷往天山北路伊犁居住。乾隆二十二年（一七五七年）五月，霍集佔弟兄興兵叛清，第二年清軍到達葉爾羌，圖爾都隨五叔額色伊、堂兄瑪木特跟隨清軍作戰，為平定霍集佔的叛亂立下了功勞。他們也於二十四年被乾隆召入京師，第二年被正式安置於北京長住，額色伊被封為輔國公；圖爾都於二十四年授札薩克一等台吉，二十七年晉輔國公，四十四年卒，公爵由其子托克托襲；瑪木特授札薩克一等台吉。

容妃霍卓氏進宮的時間，有兩種說法。

一說是於乾隆二十三年春天以前，因乾隆為妃特別修建的寶月樓在這年春天修建，秋天落成。乾隆為此特寫《寶月樓記》一文說：「寶月樓者，介於瀛臺南岸適中，北對迎薰亭，亭臺皆勝園遺址，歲時修葺增減，無大營造。顧掖池南岸，逼近皇城，長以二百丈計，闊以四丈計，地既狹，前朝未置宮室，每臨臺南望，嫌其直長鮮遮罩，則命奉宸，既景既珥，約之椓椓。鳩土戊寅之春，落成是歲之秋。樓之義無窮，而獨名之曰寶月者，池與月適當其前，抑亦有乎廣寒之亭也。」

另一種說法是乾隆二十五年。這一年，容妃霍卓氏隨六叔帕爾薩及堂兄瑪木特之子巴巴等家屬到達京師，並於六月首次以「和貴人」的封號出現於宮中，接受

香妃像（傳）

南海瀛臺

皇上賞賜的鮮荔枝，這時她是二十七歲。

這兩種說法都有相當充足的根據，可見野史、傳說所云容妃爲霍集佔之妻被搶入宮中，是不足信的。

香妃騎馬像

容妃甚爲乾隆寵愛。二十七年五月二十一日，乾隆命兵部尚書、領侍工內大臣、一等公阿里袞爲正使，禮部侍郎五吉爲副使，冊封霍卓氏爲容嬪。冊文說：爾霍卓氏，秉心克慎，奉職惟勤，壼範端莊，禮容愉婉，深嚴拓館。茲仰承皇太后慈諭，冊封爾爲容嬪。

乾隆三十三年十月初四日，乾隆又命大學士尹繼善爲正使，內閣學士邁拉遜爲副使，冊封容嬪霍卓氏爲容妃。冊文說：爾容嬪霍卓氏，端謹持躬，柔嘉表則，秉小心而有恪之，勤服事於慈闈，供內職以無違，夙協箴規於如史。茲奉皇太后慈諭，封爾爲容妃。

乾隆經常賞賜容妃以地方進貢的蜜荔枝、哈密瓜、綠葡萄乾、白葡萄子等果品。乾隆下江南，上泰山，東謁祖陵，都帶容妃同行。乾隆三十年，容妃陪皇上南巡，到過蘇州、杭州、江寧、揚州，乾隆按回部習俗，賞賜愛妃羊肚片、羊他他士、酒燉羊肉，以及蘇州糕等等食物。容妃陪乾隆東巡泰山，曲阜祭孔，恭謁盛京祖陵，路上受賞回回餑餑等食品。她四十壽辰時，乾隆特賜無量壽佛、玉如意、青玉壽星、瑪瑙靈芝杯等物品。五十大壽時，乾隆又賜玉如意一盒、古玩九件、錦緞九匹、銀元寶九個。

乾隆對容妃的寵愛，還表現在特別照顧其家鄉習俗及思鄉之情，讓容妃常著回服，封妃之時，特爲她做天鵝絨朝冠、染貂朝冠、吉物袍褂、金龍繡九龍袍，經常賞賜其新疆果品。

乾隆還爲容妃修建寶月樓，讓她居住，並在寶月樓牆外特建「回子營」，建回教禮拜寺，讓「回子」居住。

乾隆寫了很多關於寶月樓的詩，其中有專門注解「回

《圓明園圖冊．遠瀛觀正面》

民國早期的新華門，清代為寶月樓

營」的名字。比如，乾隆二十七年的一首詩：「淑氣漸和凝，高樓拾級登。北杓已東轉，西宇向南憑。」（自注：樓臨長安街，街南俾移來西域回部居之，室宇即其制。）二十八年新年，他又作了一首寶月樓詩：「冬冰俯北沼，春閣出南城。（自注：樓近倚皇城南牆。）寶月昔時記，（自注：向作寶月樓記粘壁。）韶年今日迎。屏文新茀祿，鏡影大光明。鱗次居回部，（自注：牆外西長安街，內屬回人衡宇相望，人稱回子營。新建禮拜寺，正與樓對。）安西繫遠情。」乾隆特別於臨街地方修築寶月樓以居容妃，又特於牆外修「回子營」，建禮拜寺，以及他親手寫了許多關於寶月樓的詩，這一切，充分表明了乾隆對容妃是十分寵愛的。

容妃於乾隆五十三年四月十九日因病去世，享年五十五歲。容妃沒有兒女。臨終之前，她把全部衣物和珍貴的首飾分別贈與朝夕相處的妃嬪和本宮女子及娘家的叔、嬸、嫂、姐、妹，留爲紀念。乾隆非常悲痛，諭令隆重辦理後事：皇上罷朝三日。

武英殿內浴德堂

皇子以上，宗室以下，三日內咸素服，不祭神。妃初薨日，親王以下，奉恩將軍以上，民公侯伯以下，三品官、子以上，公主、福晉以下，縣君、奉恩將軍妻、一品夫人以上，齊集舉哀。妃之棺奉移殯宮，行初祭禮，用金銀錠七萬，楮錢七萬，畫緞千端，楮帛九千，等等。

香妃死後，葬於河北遵化縣清東陵中的乾隆帝之裕陵的妃嬪園寢中，其陵寢有許多回部（維吾爾族）的文字和物品。另外，民間傳說，香妃死後，蒙皇上特別恩准，將其棺木運回新疆喀什噶爾城（今喀什市）老家埋葬。現在喀什市還保存了香妃墓和香妃木棺，供人們參觀憑弔。

多子多孫的老壽星

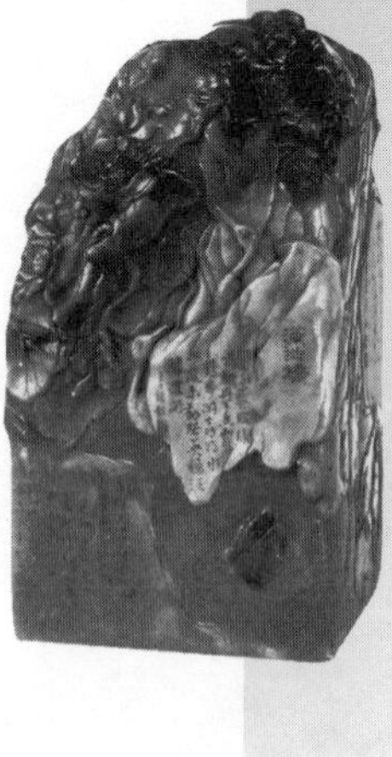

乾隆皇帝弘曆，有十七位皇子和十位公主，還有皇孫、皇曾孫、皇元孫上百人，五世同堂，可算是一位福壽雙全的老壽星。

乾隆的十七位皇子的姓名、壽命、封爵和生母的情形，是這樣的：

第一子，永璜，二十三歲，追封定親王，生母哲敏皇貴妃；

第二子，永璉，九歲，密定爲皇儲，追封端慧皇太子，生母孝賢純皇后富察氏；

第三子，永璋，二十六歲，追封循郡王，生母純惠皇貴妃蘇佳氏；

第四子，永珹，三十九歲，出繼復親王允祹，隆襲復郡王，追晉復親王，生母淑嘉皇貴妃金佳氏；

第五子，永琪，二十六歲，榮親王，生母愉妃珂里葉特氏；

第六子，永瑢，四十七歲，出繼慎郡王允禧，隆襲貝勒，後晉質親王，生母純惠皇貴妃蘇佳氏；

第七子，永琮，二歲，追封哲親王，生母孝賢純皇后富察氏；

第八子，永璿，八十七歲，儀親王，生母淑嘉皇貴妃金佳氏；

第九子，未取名，二歲，未封，生母淑嘉皇貴妃金佳氏；

第十子，未取名，三歲，未封，生母舒妃葉赫納喇氏；

第十一子，永瑆，七十二歲，

乾隆皇帝老年像

成親王，生母淑嘉皇貴妃金佳氏；

第十二子，永璂，二十五歲，追封貝勒，生母皇后納喇氏；

第十三子，永璟，三歲，未封，生母皇后納喇氏；

第十四子，永璐，四歲，未封，生母孝儀純皇后魏佳氏；

第十五子，顒琰，六十一歲，嘉親王，後繼位爲嘉慶帝，生母孝儀純皇后魏佳氏；

第十六子，未取名，四歲，未封，生母孝儀純皇后魏佳氏；

第十七子，永璘，五十五歲，慶親王，生母孝儀純皇后魏佳氏。

乾隆在教子誨孫這一十分重要的問題上，繼承了高祖父清太宗皇太極以來重視皇子教育的優良傳統，並記取了皇祖康熙帝晚年諸子爭位的教訓，對皇子皇孫既撫愛備至，又嚴加管教。他諭命滿了六歲的皇子皇孫必須按時到上書房（尙書房）學習。他指定學識優異的內閣學士、翰林爲師傅，教授課程，又特派大學士及協辦大學士爲總師傅，「稽查督飭」，規定皇子們每日卯時進，申時出，「攻五經、史、漢、策問、詩賦之學，禁習時藝」，還選擇八旗弓馬好、滿語嫻熟的武將數

青玉「五福五代堂寶」

人，更番入衛，教授皇子騎射，名叫「諳達」，同時設立總諳達。

乾隆嚴令皇子皇孫在書房讀書，即使派遣一些皇子皇孫擔任職務，也要求他們無事之時仍入書房學習。皇子皇孫有事外出，必須陳奏，不能擅自離開書房，另往他處。當他知悉皇八子永璿未經奏聞，又未告訴師傅，就因私事，擅自離開書房進城，十分惱怒，下諭嚴斥其非，將其師傅觀保、湯先甲革職，並嚴厲訓斥總師傅。

乾隆對皇子的師傅、總師傅要求非常嚴格，一旦發現他們懈弛曠職，立予懲處。乾隆五十四年三月，這位已是八十歲高齡的萬歲爺，竟親自查閱了內左門登載上書房入直門單，發現自二月三十日至三月初六日，「所有皇子、皇孫之師傅竟全行未到」，異常惱怒，立即召見皇十七子同軍機大臣及總師傅劉墉等人，「面加詢問」，如係阿哥等不到書房，以致師傅各自散去，則「咎在阿哥，自當立加懲責」。皇十七子永璘奏稱：「阿哥等每日俱到書房，師傅們往往有不到

漢玉「宜子孫」璽

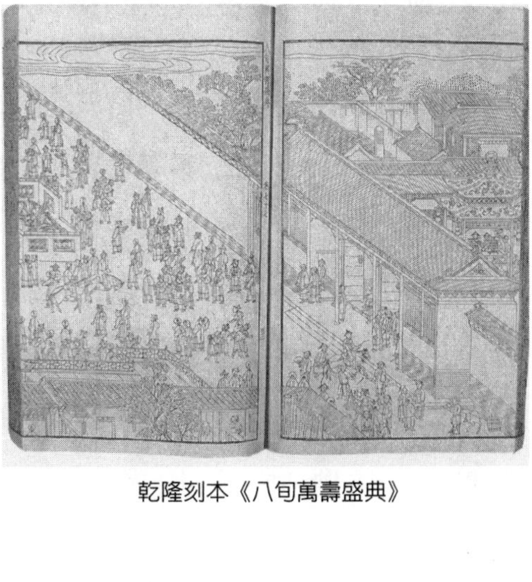

乾隆刻本《八旬萬壽盛典》

《乾隆八旬萬壽圖》之「田間耕作」

者。曾經阿哥們面囑其入直，伊等連日俱未進內。」乾隆更加氣憤，於三月初七日就此事下達專諭說：皇子等年齡俱長，學問已成，或可無須按日督課。至皇孫、皇曾孫、皇元孫等，正在年幼勤學之時，豈可少有間斷。「師傅等俱由朕特派之人，自應各矢勤慎」，「何得曠職懈弛如此」！總師傅之責「專在稽查」，今師傅們懈怠，「其過甚大，而總師傅復置若罔聞」，「此而不嚴加懲創，又復何以示儆」！他下諭懲責有關人員，內閣學士滿洲旗人阿肅、達椿均著革職，各責四十板。總師傅、吏部尚書、協辦大學士劉墉，降爲侍郎銜，免去其吏部尚書、協辦大學士及兼任的南書房職。總師傅、大學士嵇璜、王杰，降三級，從寬留任。胡高望、吉夢熊、茅元銘、嚴福、程昌期、秦承業、邵玉清、萬承風等師傅，均革職，從寬留任。改派大學士阿桂、李綬爲總師傅，以專責威。

在文武百官面前，乾隆是威嚴無比掌握生殺予奪大權的萬歲爺，神聖不可侵犯，而他對於幼小皇孫、皇曾孫、皇元孫，卻是一位撫愛備至慈祥可親的老祖宗。他

乾隆黑漆彩繪樓閣群仙祝壽鐘（清宮造辦處造）

有一次，乾隆秋獮，帶著一批皇子皇孫在張三營行宮比射箭，皇子皇孫逐一發矢。皇次孫綿恩年方八歲，亦以小弓箭發射，一發中的，再發再中，乾隆大喜，告訴綿恩，再中一矢，就賞黃馬褂。綿恩又射一矢，中的後，收了弓矢，跪在祖父面前。祖父心知，小孫子是要爺爺兌現賞黃馬褂的諾言，便故意裝作不知其心意的樣子，問綿恩有何要求，綿恩仍然跪著，沒有說話。乾隆大

銅鍍金福祿壽三星鐘（清乾隆，廣州）

特降恩旨，對未得品級的皇子、皇孫、皇曾孫、皇元孫賞戴紅絨結頂帽。這是一種相當高的政治待遇，只有近支的親王、郡王、貝勒得到皇上賞賜的，才能經常冠戴，大學士們偶爾有皇上賞賜者，皆不敢戴，可見乾隆對小小皇孫們的疼愛和優遇。這在皇次孫綿恩的射箭及其兄綿德的封爵上，也顯現得十分清楚。

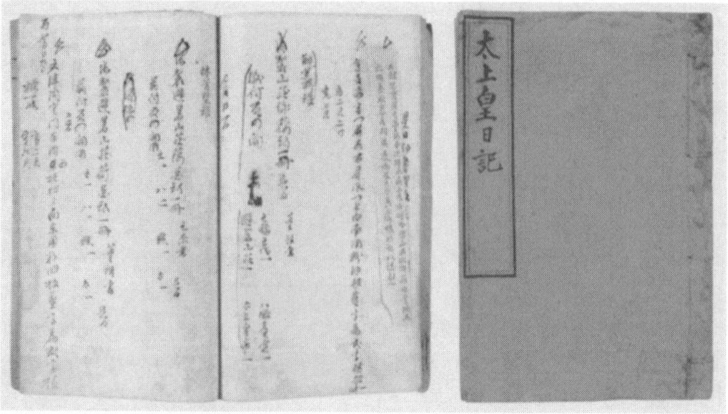

記錄乾隆退位後言行的《太上皇日記》

笑，諭命給綿恩黃馬褂。綿恩後來長得很美，「貌頎秀，猿臂，善射」，乘馬矯捷若飛，更受皇祖父寵愛，「弱冠即領火器營總統，凡五十年」。

隨著年事日高，老皇帝乾隆更加疼愛皇孫、皇曾孫和皇元孫。綿恩之兄綿德，係乾隆的皇長孫。綿德於乾隆十五年蒙受皇祖特恩襲封其父永璜所遺的親王，三十七年因故降爲郡王，四十一年以其違制與禮部郎中秦雄褒往來，饋送書畫，被削爵，由其弟綿恩承襲郡王，第二年復蒙皇祖施恩，將其由閒散宗室封爲鎮國公。四十九年正月十二日，因綿德將抱孫子，年逾古稀的乾隆下諭，特晉綿德之爵，說：綿德爲皇長子定安親王（永璜）嫡長子，係朕長孫。今念綿德之子奕紹新歲可以得子，「朕慶抱元孫，五世同堂，實爲古稀盛事，自應特沛恩施」，以示慶賀，著晉綿德爲固山貝子。同年閏三月十三日，因奕紹之子出生，他又下諭賞恩奕紹說：奕紹阿哥係朕之曾長孫，今又得生元孫，實爲國家祥瑞，朕深爲欣悅，著賞奕紹戴寶石頂、雙眼花翎。他還親幸綿德府第，「視皇元孫載錫」。

乾隆喜抱元孫，十分高興，於四十九年諭令各省總督巡撫，查明五世同堂之家，以加恩賞。隨即查明，各省共有一百九十二人，其中郭有英、張羽、劉湘、鍾晉寵四人俱已壽逾百歲，曾孫元孫繞膝爲樂。乾隆十分歡欣，諭賞五世同堂之人銀兩緞疋，給予匾額。並對郭有英等四家，親寫御詩，親書匾額以賜。

乾隆五十六年夏，年逾八旬的老壽星乾隆帝，帶著皇子、皇孫、皇曾孫、皇元孫，五代人同往承德避暑山莊。八月十二日他在山莊門口觀看皇孫們射箭，十三歲的皇孫質郡王綿慶中了三矢，八歲的皇元孫載錫也中三矢，八月二十二日行圍時，年僅十歲的皇孫綿寧射中一鹿，乾隆大喜，賜綿慶黃褂、三眼花翎，賜載錫、綿寧黃褂及雙眼花翎，並親寫兩首詩以志其事。

探花、軍機章京、大史學家趙翼對乾隆的督促學習及皇子皇孫的勤奮，十分欽佩，特在《簷曝雜記》卷一寫了《皇子讀書》，盛讚說：本朝家法之嚴，即皇子讀書一事，已迥絕千古。皇子們天還未亮即已進入書房，作詩文，

永瑢繪《平安如意圖》

習國書國語和騎射，「薄暮始休」，每日如是。「宜乎皇子孫不惟詩文書畫無一不擅其妙，而上下千古成敗理亂已了然於胸中。以此臨政，復何事不辦！」

在乾隆的嚴格管教和精心培養下，出現了一批頗有才華的皇子、皇孫。皇五子永琪，「少時，國語騎射嫻熟」，爲皇父鍾愛，欲立爲太子，並被封爲榮親王，可惜英年早逝。皇六子永瑢，善於繪畫，「兼通天算」。皇十一子永瑆，「善書法，幼時握筆，即波磔成文，少年工趙文敏」，因老內監曾見董文敏（明朝董其昌）握筆，「惟以前三指握管懸腕書之」，永瑆受到啓發，創造了「撥燈法，談論書法具備」。永瑆「詩文精潔，書法遒勁，爲海內所共推」，「名重一時，士大夫得其片紙隻字，重若珍寶」。

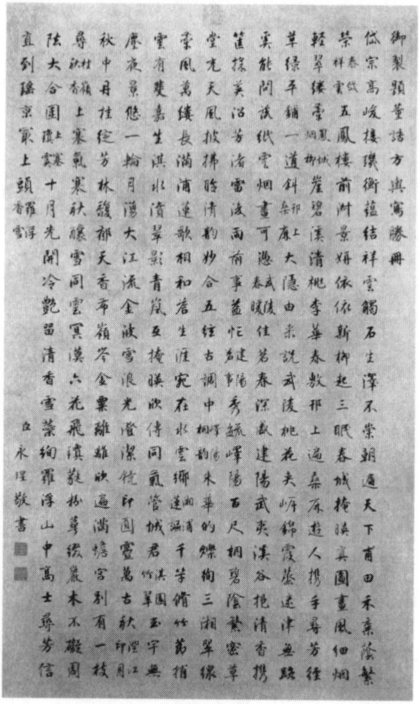

永瑆書法

內閣學士尹壯圖直言時弊

乾隆五十五年（一七九〇年）十一月，內閣學士兼禮部侍郎尹壯圖上了一道奏疏，奏請革除「議罪銀」規定說：近來規定，總督、巡撫有過，可以「罰銀數萬，以充公用」，而免其罪，此制不妥。

因爲，督撫如能自請認罰銀兩而獲寬免，則「在桀驁之督撫，藉口以快饕餮之私」，「即清廉者，亦不得不希望屬員資助，日後遇有（屬員）虧空營私重案，不得不曲爲庇護」。所以，「是罰項雖嚴，不惟無以動其愧懼之心，且滋生其玩易之念，請永停罰銀之例，將罰項改記大過若干次。如才具平凡，或即罷斥，或量予京職，毋許再膺外任」。

《清史稿》卷三二二《尹壯圖傳》對此疏的背景，作了這樣的敘述：高宗季年，督撫坐譴，或令繳罰項貸罪，壯圖以爲非政體，故上此摺。

乾隆《元宵行樂圖》

尹壯圖講述議罪罰銀例的危害有三：一是桀驁的督撫藉口認罰，交納了罰銀，保住了官職，從而繼續貪贓枉法，「以快饕餮之私」；二是以清廉自矢者，無法湊足銀兩，但爲了交銀以保官，不得不找屬員資助，以後遇到屬員虧空庫銀營私舞弊的時候，念其曾經給自己送銀子，「不得不曲爲庇護」，縱容屬員侵吞國帑，坑害百姓；三是由於上述兩個因素，議罪罰銀之例，看似嚴厲，實際上既不能震懾和感化貪婪官員，使其產生愧悔畏懼之心，洗手懺悔，懸崖勒馬，改惡從善，又易「滋生其玩易之念」，認爲只要能夠交足罰銀，便可穩坐公堂，長保官職，從而大肆貪婪，欺壓良民。集中到一點，即議罪銀之規，敗壞了吏治，助長了貪風，應該立即革除，並且要「永停罰銀之例」。

尹壯圖奏革議罪銀的理由，十分充分，揆諸時局，非常中肯，照說以英君自詡的乾隆皇帝一定會採納良言，革此弊規了。不料，事與願違，乾隆看過尹壯圖的奏疏後，於五十五年十一月十九日下了一道諭旨，拒絕廢除議罪罰銀規定，並進行了辯解。

這道諭旨，主要講的是議罪罰銀的規定是正確的，不應取消，根據有四：一是此例乃「偶爾行之，非定例也」；二是此規僅適用於「非犯侵貪徇庇之過」的督撫，其「所獲之咎，尚非法所難宥」，而不包括「案情重大」「貪婪敗檢」的督撫，對後者是依法嚴辦的；三是督撫若借此斂派，科索民財，則是「自蹈重罪」，他們畏懼重罰，便不致因有此例而走上貪污營私的絕路；四是議罰之銀，「皆留爲地方工程公用」。講起來，頭頭是道，似乎議罪罰銀例確實應該繼續實行，

《紫光閣賜宴圖》局部

郎世寧繪《嵩獻英芝圖》

於國於民，不僅無害，並且有益。

帝、臣之議，截然相反，孰是孰非，看來只有讓事實來裁判了。

清朝官書和私人著述，極少甚至是沒有提到「議罪銀例」，幸好《文獻叢編》第二十五、第二十七輯收錄的軍機處的《密記檔》有了這樣的史料。《密記檔》裏有軍機大臣和珅、福長安於乾隆五十二年六月初一日和六十年初呈述收取議罪銀情形的奏摺，以及附呈的清單。以此爲主，結合其他資料，可以看出不少問題，能夠說明道理並不在至尊無上的天子這一邊。

其一，此乃定規。議罪銀例並非乾隆所說「偶爾行之，非定例也」，而是自乾隆四十五年左右即已成爲定例，持續了好多年。《密記檔》明確寫道，三寶「奏交自行議罪銀共十一萬兩」，自乾隆四十六年二月初一起陸續交銀。文綬「奏交自行議罪銀八萬兩」，自乾隆四十六年十一月起分期交納。和珅、福長安於乾隆六十年初奏呈議罪銀情形的奏摺及附呈清單，乾隆帝於閏二月初十日下諭批示：「知道了，欽此。」這也表明，此時仍在實行自行議罪罰銀的定例。

其二，人數眾多。交納議罪銀的人員，官銜不一，人數不少，僅和珅、福長安乾隆五十二年六月初一日進呈的罰銀清單，就載錄了全德、伊齡阿、西寧、三寶、巴延三、國棟、李質穎、楊魁、文綬、范清濟、尚安、李天培、明興、福崧、姚成烈、鄭源、劉峨、梁肯堂、吳垣、張萬選、雅德、征瑞、雙保、特成額，共二十四人，基本上都是三品以上大員，不少人當過總督、巡撫。像巴延三，歷任山西巡撫、湖南巡撫、陝西巡撫、兩廣總督。楊魁，歷任江蘇巡撫、河南巡撫、陝西巡撫、福建巡撫。李質穎，歷任安徽巡撫、廣東巡撫、浙江巡撫。尚安，歷任河南巡撫、陝西巡撫、四川總督、陝甘總督、湖廣總督。福崧，歷任浙江巡撫、阿克蘇辦事大臣、葉爾羌參贊大臣、署兩江總督。特成額，歷任總兵、領侍衛內大臣、禮部尚書、成都將軍、湖廣總督、雲貴總督。總督、巡撫佔了交納議罪銀人員總數的四分之三以上。

其三，庸臣受惠。既然尸位素餐「非犯侵貪徇庇之過」的督撫，可以繳納罰銀而保住官職，那麼這條規例豈不就成了昏庸官僚的保護傘了。要知道，不少總督巡撫都是庸才，他們之所以能當上封疆大吏，並不是靠才

《月曼清遊圖冊．踏雪尋詩》

《萬國來朝圖》中乾隆懷抱皇子形象

幹、勤奮、努力和政績，而是走門路，打點巴結，工於逢迎，或是資格老，熬年頭，才幹不濟，昏昏沉沉，尸位素餐，僥倖榮任，有了這個「議罰」之規，他們更可以放心地一混再混了。姑且以《清單》所列官階最高的三寶爲例。三寶是交納罰銀中最高的大員，任直隸等省布政使（從二品）後，又歷任山西巡撫、浙江巡撫、湖廣總督、閩浙總督，後升任大學士，留任總督，最後進京，入閣辦事，死於任上。這位三寶，何許人也？他有什麼才幹學識，建樹了多大功勞，爲什麼會久任要職，入閣拜相？查其生平才知，此人並非學識淵博精明能幹善理政務的名臣，而是一個平庸之輩。三寶在不少省當了巡撫總督，皆無政績可言。乾隆四十二年，他升任湖廣總督，閱兵時，衡州協副將海福、沅州協副將洪昌運，「皆衰老」，既然都是衰老之人，就回家算了，可是三寶卻袒護海福，奏請將海福調入京師，擔任相應的官職，而叫洪昌運休致。乾隆認爲三寶「偏護滿洲」，顯然是區別滿漢，不允其請。

就是這樣一位重滿輕漢才具平庸之輩，卻於四十四年升任大學士。四十六年，大貪官原浙江巡撫王亶望東窗事發，被判死刑，當時留任閩浙總督的大學士三寶，因未舉劾王亶望，被部議革職，革其大學士職，三寶上疏自劾，奏請「交自行議罪銀共十一萬兩」，蒙皇上允准，免於革職，令其留任，三寶得以繼續當大學士，直到病故。

其四，貪官叫好。乾隆爲議罪銀例辯解時，著重講述此規不適用於貪贓枉法之臣，不影響懲貪，但實際上卻遠非如此。貪官案發暴露之前，一般情形是無人知曉的，或者準確一點說，皇帝不知，吏部、刑部、都察院沒有參劾，那麼，這些未曾落入法網的貪官，當時仍然是無罪之臣，仍然是封疆大吏，也就可以利用罰銀贖罪的規定交銀保官，繼續爲非作歹了。以《清單》所列福崧、伍拉納二例爲證。浙江平陽縣知縣黃梅貪贓枉法，贓銀多達二十餘萬兩，被革職處死。身爲巡撫的福崧未能舉劾，被革職問罪，福崧奏請願交「自行議罪銀二十萬兩」，帝允其請，福崧得以繼續當官，直到乾隆五十七年任江蘇巡撫、署兩江總督時，以向浙江鹽道柴楨索賄「十一萬兩，又侵公使銀六萬兩有奇」，被革職處死。閩浙總督伍拉納因有過失，於乾隆五十八年奏請自行交議罪銀三萬兩，帝允其請，伍拉納得以繼續穩坐總督太師椅，婪索官民，僅「受鹽商賕」，

乾隆銅鍍金冠架鐘

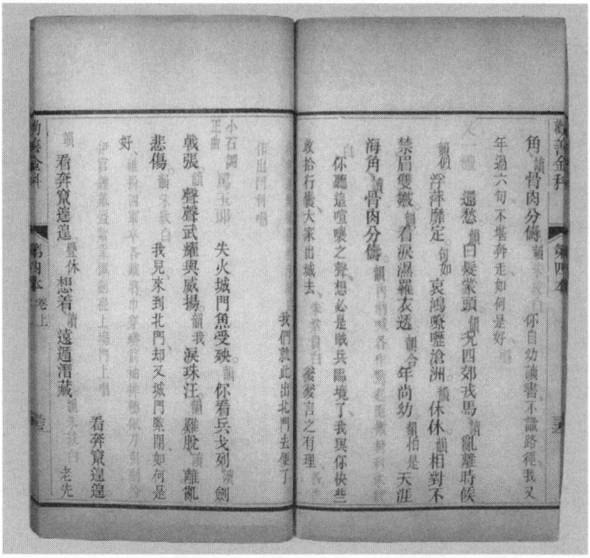

乾隆內府套印本《勸善金科》

即多達白銀十五萬兩，案發之後，籍沒其家，「得銀四十萬有奇，如意至一百餘柄」。

其五，罰銀多入內庫。乾隆辯解時說，罰銀「皆留爲地方工程公用」，這簡直是睜眼說瞎話。僅和珅、福長安呈上的《清單》所載，自五十一年十二月十三日到五十二年五月底，議罪銀案共二十四起，累計共銀一百六十八萬兩，其中只有三十二萬兩是欽命撥解浙江海塘、河南河工及留存本省（直隸）公用，其餘銀子都收存於內務府廣儲司。

簡而言之，議罪銀之規，於國於民，皆有百害而無一利，特別是對於吏治的腐敗、官僚的貪婪和皇帝的揮霍，更給予了很大的推動，它爲乾隆帝的內庫及和珅的私庫提供了滾滾而來的銀子。

正因爲「議罪銀例」是和珅爲皇上和自己斂財而倡立的，所以對尹壯圖的直諫十分惱怒。乾隆帝於五十五年十一月十九日起，三個

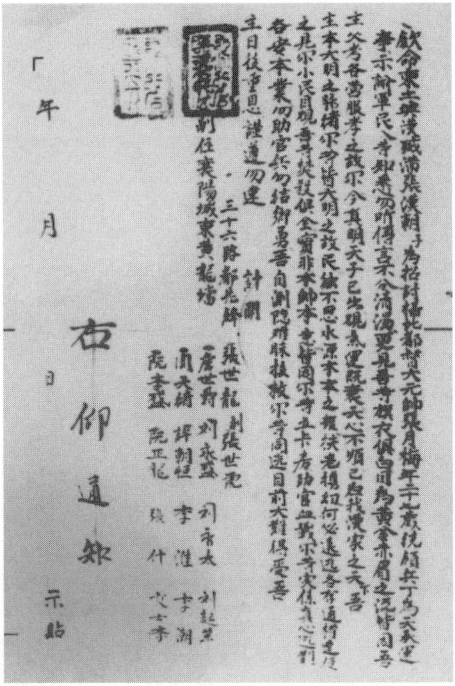

白蓮教起義軍發布的告示

月內連下多道諭旨，盲目自滿，諱過喜功，強辭奪理，顛倒是非，大肆宣揚自己勤政愛民，自詡現在已達盛世，「吏治肅清」，「海宇清寧」，府庫充盈，大權獨攬，並無權奸攬權營私，指責尹壯圖誹謗聖躬，「咎無可逭」。大學士九卿擬議將尹立即處斬，帝命將尹由官階從二品的內閣學士降爲從四品的內閣侍讀，並革職留任。

乾隆的這種對形勢的錯誤判斷及文過飾非、耳塞目花、盲目自大的思想境界，使言路閉塞，爲和珅的專權亂政提供了條件，使他親自傾注了大量心血而促進形成的「大清全盛之勢」，逐漸走向衰落。

結語

乾隆皇帝弘曆，從雍正十三年九月登基，到嘉慶四年正月初三去世，一共當了六十年零三個多月的皇帝和三年零三天的太上皇帝，足足執政六十三年，做了許多事情。綜觀其所作所爲，大致在乾隆五十年以前，他在以下六個方面十分努力，難能可貴：一是勤理國政，幾十年如一日；二是勇於進取，改革舊制，完成了「十全武功」；三是廣蠲賦稅，五免天下錢糧；四是痛懲貪官，力遏貪風；五是知人善任，賞罰嚴明；六是經常反省，知錯能改。

正是由於乾隆帝勤於理政，善於治國，他才能在皇祖康熙帝、皇父雍正帝的基礎上，更上一層樓，把「康乾盛世」推到了新的高峰，促進形成了「大清國全盛之勢」。他在文治武功兩個方面都做出了重大的貢獻，超越了皇祖取得的成就。他進行的平準、定回、兩征廓爾喀等戰爭，統一了準部回部，使西北、北方徹底安定，西藏嚴格隸屬中央，四川、青海寧謐，貴州改土歸流得以堅持，雲南南部民族地區牢固內附，從而最後奠定了近代中國的版圖，廣達一千三百餘萬平方公里的強大中國屹立於東方。在社會經濟與文化方面，康熙帝普免天下錢糧一次和全免漕糧一次，乾隆帝則五免全國錢糧，三免八省漕糧。康熙朝最盛之時庫存白銀五千餘萬兩，後因用兵準部，末年只剩白銀八百萬兩，乾隆朝的庫銀卻長期保持在七千萬兩上下，最多時有八千餘萬兩。康熙帝諭命編輯的《古今圖書集成》，有一萬卷，不爲不多，而乾隆主持編纂的《四庫全書》，卻有七．九萬餘卷，超過前者七倍。這些事實有力地表明了，與康熙朝相比，乾隆時國家更爲強大，國庫更加充盈，農業發展，百業興旺，城市繁榮，文化發達，確係盛世。

當然，乾隆帝在軍政要務上也有不少失誤，製造的文字冤獄更多，尤其是晚年寵信奸相和珅，使其得以攬權納賄，加速了吏治的腐敗，貪污盛行，國力大損，盛極漸衰，他對此是難辭其咎的。

總括論之，乾隆帝對增強國家的統一，促進中華民族的發展，最後奠定了近代中國的版圖，做出了重大貢獻，建樹了宏偉業績。他雖犯有嚴重錯誤，但瑕不掩瑜，功大於過，可以說是中國歷史上執政最久、年壽最高、影響巨大、文治武功兼備的傑出的封建帝王。

附錄　乾隆皇帝簡要年譜

康熙五十年（一七一一年），一歲

八月十三日，生於雍和宮，名愛新覺羅．弘曆，係雍親王胤禛第四子，母爲父王的小妾「格格」鈕祜祿氏。

康熙六十一年（一七二二年），十二歲

三月，皇祖康熙帝兩幸圓明園，召見皇孫弘曆，諭命養育宮中。四月，隨皇祖巡幸避暑山莊，秋獮木蘭。十一月十三日，皇祖逝世。父王胤禛繼位爲君，以明年爲雍正元年。

雍正元年（一七二三年），十三歲

八月，父皇胤禛秘密建儲，欽定弘曆爲嗣君。

雍正四年（一七二七年），十七歲

雍正帝削除皇八弟廉親王允禩、皇九弟貝子允禟宗籍爵位，改其名爲阿其那、塞思黑，旋皆死於禁所。是歲，三哥弘時案發，削除宗籍圈禁，次年死於囚所。

雍正五年（一七二八年），十八歲

七月，成婚，嫡妻富察氏出身名門世家，是察哈爾總管李榮保之女，係大學士、一等伯馬齊的親侄女。

雍正十一年（一七三三年），二十三歲

二月，受封寶親王，五弟弘晝封和親王。

雍正十三年（一七三五年），二十五歲

二月，貴州苗變，雍正帝以弘曆、弘晝、鄂爾泰等爲辦理苗疆事務王大臣。八月二十三日，雍正帝去世。九月初三日，弘曆登基，繼位爲君，改明年年號爲乾隆元年。新君實行新政：寬嚴相濟，「政尚寬大」，糾錯革弊，寬待欽犯子孫；以張廣泗經營貴州苗務，堅持進行改土歸流；確定與準噶爾息兵、守邊、議和方針。

乾隆元年（一七三六年），二十六歲

七月，秘密建儲，以嫡妃富察氏之子永璉爲太子。九月，御試博學鴻詞科，取中劉綸等十五人。貴州苗變平定，頒行「永除新疆苗賦」詔。

乾隆二年（一七三七年），二十七歲

十二月，冊立嫡妃富察氏爲皇后。

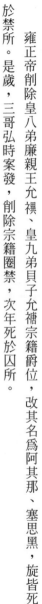

乾隆三年（一七三八年），二十八歲
皇二子永璉病故，謚端慧皇太子。
乾隆四年（一七三九年），二十九歲
以莊親王允祿、理郡王弘皙結黨營私，革允祿理藩院尚書職，弘皙除宗籍，削爵圈禁。
乾隆五年（一七四〇年），三十歲
與準噶爾議和成功。
乾隆六年（一七四一年），三十一歲
七月，始行秋獮，後基本上歲歲舉行。
兵部尚書步軍統領鄂善、浙江巡撫盧焯、山西布政使薩哈諒、山西學政喀爾欽因納賄斂銀，分別於本年被處死、斬監候和論絞減戍。此後，總督恆文、勒爾謹、富勒渾、伍拉納、陳輝祖，巡撫蔣洲、國泰、福崧、浦霖，皇貴妃之弟鹽政高恆、皇貴妃之侄葉爾羌辦事大臣高樸，大學士兼總督李侍堯等等上百員三品以上的貪官，分別被革職抄家處死或斬監候。
乾隆八年（一七四三年），三十三歲
始謁盛京祖陵。後於乾隆十九年、四十三年、四十八年又三次恭謁盛京祖陵。
乾隆十年（一七四五年），三十五歲
正月，下諭全免天下錢糧。此後，又於乾隆三十五年、四十三年、五十五年、六十年四次下諭普免全國錢糧，並於三十一年、四十五年、六十年三免八省漕糧，累計蠲銀二億兩。

乾隆十二年（一七四七年），三十七歲
三月至十四年正月，一征金川。三十六年九月到四十一年二月，再征金川。
乾隆十三年（一七四八年），三十八歲
東巡曲阜，謁孔林，登泰山。皇后富察氏病逝於歸途。發生「剃頭案」，以國喪期間剃頭而處死、懲治總督塞楞額等官。
乾隆十五年（一七五〇年），四十歲
平定西藏郡王珠爾默特那木札勒叛亂。
乾隆十六年（一七五一年），四十一歲
正月，一下江南。後於乾隆二十二年、二十七年、三十年、四十五年、四十九年又五次巡幸江南。
乾隆二十年（一七五五年），四十五歲
二月到六月，一征準噶爾。八月到二十四年，二征準噶爾。
乾隆二十三年（一七五八年），四十八歲
正月至二十四年十月，統一回疆。
乾隆三十一年（一七六六年），五十六歲
九月到三十四年十一月，征緬之戰，損兵折將。
乾隆三十六年（一七七一年），六十一歲
土爾扈特部渥巴錫汗率部回歸祖國。

乾隆三十八年（一七八三年），六十三歲

二月，開館纂修《四庫全書》，到四十六年十二月，第一部《四庫全書》繕寫完成，後又繕寫六部，分藏文淵閣等七閣。再次秘密建儲，以皇十五子永琰爲內定嗣君。

乾隆四十年（一七八五年），六十五歲

和珅蒙帝賞識，閏十月遷乾清門侍衛，十一月擢御前侍衛，後連續超升，任至首席大學士、領班軍機大臣，並兼任多種要職，封一等公，其子豐紳殷德娶帝之愛女固倫和孝公主。

乾隆四十五年（一七九〇年），七十歲

六世班禪羅桑貝丹意希巴桑布至承德避暑山莊覲見乾隆皇帝。

乾隆四十六年（一七八一年），七十一歲

正月，甘肅蘇四十三起義，半年後始平。

革除綠營武職「名糧」，改定養廉，補實兵額。

乾隆五十一年（一七八六），七十六歲

十一月，臺灣林爽文起義，至第二年十月，始失敗。

乾隆五十三年（一七八八年），七十八歲

六月，廓爾喀軍入侵後藏。七月至五十四年初，一征廓爾喀。十月至五十四年六月，用兵安南。

乾隆五十五年（一七九〇年），八十歲

十一月，內閣學士尹壯圖以疏言時弊獲咎。

乾隆五十六年（一七九一年），八十一歲
六月至五十七年八月，二征廓爾喀。
乾隆五十七年（一七九二年），八十二歲
八月，定「金奔巴瓶」制。十月，頒《御制十全記》，欽定兩征金川、兩征準噶爾、平定回部、征緬甸、攻安南、平臺、兩征廓爾喀的十次戰爭為「十全武功」，自命為「十全老人」。
乾隆五十八年（一七九三年），八十三歲
正月，制定《欽定西藏善後章程》。八月，英使馬戛爾尼覲見乾隆皇帝於避暑山莊。
乾隆六十年（一七九五年），八十五歲
正月，湘黔苗民起義。九月，宣示建儲密旨，立皇十五子永琰為皇太子，定明年禪位歸政，改明年年號為嘉慶元年。
嘉慶元年（一七九六年），八十六歲
正月，禪位與嘉慶皇帝顒琰，自為太上皇帝，然而仍舊主持「軍國重務，用人行政」。川楚陝白蓮教起義。
嘉慶四年（一七九九年），八十九歲
正月初三日，乾隆皇帝弘曆去世，享年八十九歲。四月，尊諡為法天隆運至誠先覺體元立極敷文奮武孝慈神聖純皇帝，廟號高宗。九月，葬於遵化裕陵。

大地 HISTORY 叢書介紹

正說清朝十二妃

作者：章愷

定價：320元

還原歷史真相・走出戲說誤區

中國后妃是統治階級中一個特殊階層，本書以客觀的角度，講述大清王朝近三百年歷史中十二位有代表性的后妃生平事蹟，她們當中有人賢德、有人奸佞、有人剛強、有人軟弱、有人善終、有人下場悲慘……

大妃阿巴亥是如何下嫁努爾哈赤，努爾哈赤死後又是為何殉葬？

孝莊文皇后大玉兒，一個花樣年華的少女為何與姑姑同侍皇太極，而後又如何保住兒子順治的帝位，順治死後輔佐康熙除鰲拜、平三藩創建了康熙盛世。

香妃，維吾爾族女子，本名伊伯爾罕。容妃為其封號，她是如何由數千里外的雪原來到繁華的京城，進入神秘的皇宮，進而得到乾隆恩寵享盡榮華。

慈安皇太后，咸豐皇后，咸豐死後同治登基，皇帝年幼與慈禧共同垂簾聽政，後與慈禧交惡，在政治鬥爭下成了犧牲品，死因成謎。

慈禧，一個掌握中國政壇近半世紀的女人，憑藉著高超的政治手腕，兩度垂簾聽政，獨攬大權，抗拒改革，一生極盡奢華，但也因此加速了清王朝的敗亡。

大地 HISTORY 叢書介紹

帝國政界往事
—西元1127年大宋實錄

作者：李亞平

定價：250元

西元1127年，即北宋靖康二年，南宋建炎元年。

這一年，北宋帝國覆滅，南宋帝國在風雨飄搖中宣告誕生。

中國人陷入長達十餘年的兵凶戰亂、血雨腥風之中。

帝國首都汴京淪陷敵手，金人立張邦昌為大楚皇帝；帝國的兩位皇帝宋徽宗趙佶，和他的大兒子、宋欽宗趙桓，被擄掠到了金國，北宋就此滅亡。

宋徽宗的第九個兒子康王趙構僥倖脫身，逃往南京，就是今天的河南商丘。建立南宋帝國，改年號靖康二年為建炎元年，成了大宋帝國的第十位皇帝，也是南宋的第一位皇帝，史稱宋高宗。

這一年，本書所涉及到的人物，情況各不相同。他們當中，有一些被認為需要對本年所發生的一切負責，有些則被本年度發生的一切改變了命運，這種改變有時表現得相當徹底，成為令人無法釋懷的帝國政界往事。

大地 HISTORY 叢書介紹

帝國政界往事

—大明王朝紀事

作者：李亞平

定價：280元

朱元璋所創建的的大明帝國，將中國的帝制文化傳統推到了極致，是中國兩千年帝王政治的集大成者。其對於中國政治傳統，文化傳統的影響既深且巨，以至於六百年後的今天依然清晰可見。

本書在刻畫朱元璋其人的容貌與作為上，相當傳神，文中對其相貌的描述，顯然更接近未經藝術加工的那幅標準像，這兩幅畫所揭示出來的東西，具有重大的現實和深遠的歷史意義。

作者透過不同角度深入剖析大明歷史，把濃厚的現實情懷和歷史巧妙的結合起來，從浩瀚如海的歷史資料中篩選出大量不為歷史學家重視的情節，重新演繹社稷更迭的歷史故事，透過本書您可以更直接、更真切的重新審視歷史。

大地 HISTORY 叢書介紹

正說元朝十五帝

作者：章愷

定價：250元

蒙古地區，自古以來是諸游牧部落的活動場所。自夏、商以來，大大小小的部族和部落出沒在這塊廣闊的草原地帶，各部族和部落的興衰、更替的歷史，直到十三世紀初才告結束，最終形成了穩定的民族共同體——蒙古民族。而在這個偉大的民族中也產生了一個偉大的黃金家族。蒙古人建立了中國第一個少數民族統一的政權，大元帝國的疆域在中國歷史上是空前絕後的。成吉思汗在蒙古族統一中國的歷史進程中發揮了重要的作用並產生了重大的影響，而了解蒙古起源的歷史對於了解人類歷史上版圖最大的王朝——元朝有重要的意義。本書詳述元帝國十五帝，對於想了解元朝歷史的讀者，本書是絕佳讀本。

國家圖書館出版品預行編目資料

正說乾隆／周遠廉著
一一版一臺北市 ： 大地出版社 2006〔民95〕
面 ； 公分. --（History ； 20）
ISBN 986-7480-53-8（平裝）
1.清高宗 - 傳記

627.4 95009672

正說乾隆

HISTORY20

作者	周遠廉
發行人	吳錫清
主編	陳玟玟
出版者	大地出版社
社址	114台北市內湖區內湖路2段103巷104號
劃撥帳號	0019252-9（戶名：大地出版社）
電話	02-26277749
傳真	02-26270895
E-mail	vastplai@ms45.hinet.net
美術設計	洸譜創意設計股份有限公司
封面設計	洸譜創意設計股份有限公司
印刷者	普林特斯資訊有限公司
一版一刷	2006年6月

大地

定　　價：250元

本書原出版者爲中華書局，中文原書名爲《乾隆畫像》。
版權代理：中圖公司版權部。經授權由大地出版社在台灣地區獨家出版發行。

Printed in Taiwan